PONS

250 Grammatik-Übungen
ITALIENISCH

Für Anfänger und Fortgeschrittene.
Mit ausführlichen Lösungen.

von
Beatrice Rovere-Fenati

PONS GmbH
Stuttgart

PONS
250 Grammatik-Übungen
ITALIENISCH

Für Anfänger und Fortgeschrittene. Mit ausführlichen Lösungen.

von
Beatrice Rovere-Fenati

1. Auflage 2017

Redaktion: Federica Colombo
Logoentwurf: Erwin Poell, Heidelberg
Logoüberarbeitung: Sabine Redlin, Ludwigsburg
Einbandgestaltung: Anne Helbich, Stuttgart
Layout: Petra Michel, Gestaltung & Typografie, Essen
Satz: Digraf.pl - dtp services
Druck und Bindung: Medienhaus Plump GmbH, Rheinbreitbach

ISBN: 978-3-12-562888-5

WILLKOMMEN

Mit den **250 Grammatik-Übungen ITALIENISCH** können Sie in kleinen Portionen und wo immer Sie wollen Ihre Grammatikkenntnisse trainieren und festigen oder auffrischen. Dabei erfahren Sie auch viel Wissenswertes zu den Themen, die Sie üben möchten.

Von leicht bis schwer

Die Übungen sind nach Grammatikthemen sortiert, damit Sie gezielt nach Ihren persönlichen Bedürfnissen üben können. Zu jedem Thema stehen Ihnen Übungen in drei Schwierigkeitsstufen zur Verfügung:

★ = leicht

★★ = mittelschwer

★★★ = schwer

Erweitern Sie nebenbei Ihr Grammatikwissen

Zahlreiche Tipps weisen Sie auf wichtige Ausnahmen, Stolperfallen, typische Fehler und schwierige Regeln hin und helfen Ihnen bei der Lösung einer Übung.

(!) = Infos zu Ausnahmen und Stolperfallen

= weiterführende Erklärungen

= Hinweise zu Aussprache und Betonung

(ABC) = Angaben zum Wortschatz

So überprüfen Sie Ihren Lernfortschritt

Anhand der **Lösungen** ab Seite 146 können Sie Ihren Lernfortschritt überprüfen. Übungen, in denen Sie noch nicht ganz fehlerfrei waren, wiederholen Sie einfach nach einiger Zeit.

Setzen Sie vorne im **Inhaltsverzeichnis** einen Haken hinter alle Themen, die Sie erledigt haben. So können Sie auf einen Blick sehen, wie viel Sie schon trainiert haben.

Unbekannte Wörter? Kein Problem!

Alle Wörter und Wendungen aus den Übungen können Sie in der italienisch-deutschen **Wortliste** ab Seite 163 nachschlagen.

Lernvideos

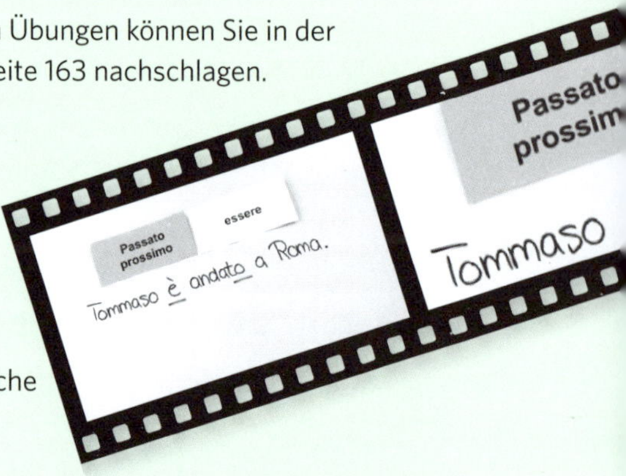

Zu diesen Grammatik-Übungen stehen Ihnen mehrere Lernvideos online zur Verfügung, in denen Ihnen ein Sprachlehrer wichtige grammatische Phänomene erklärt.

Gehen Sie auf **www.pons.de/250-grammatik-italienisch** und lernen Sie weiter!

Viel Erfolg!
Ihre PONS-Redaktion

INHALT

Checkliste ✓ Seite

Der bestimmte Artikel

1 ★ Markieren Sie die Kombinationen bestimmter Artikel + Substantiv.

- [x] **A** lo zucchero
- [x] **B** i panini
- [ ] **C** del pane
- [ ] **D** un'aranciata
- [ ] **E** una pizza
- [ ] **F** delle fragole
- [x] **G** il tiramisù
- [x] **H** gli spaghetti
- [x] **I** la focaccia
- [ ] **J** un caffè
- [x] **K** le olive
- [ ] **L** dello yogurt
- [ ] **M** degli gnocchi
- [x] **N** l'ananas
- [ ] **O** dei funghi
- [ ] **P** uno spumante

2 ★ Ergänzen Sie die Formen des **bestimmten Artikels**.

Einzahl	Mehrzahl
a) l' anno	**h)** gli anni
b) lo studente	**i)** gli studenti
c) la sera	**j)** le sere
d) il biglietto	**k)** i biglietti
e) la psicologa	**l)** le psicologhe
f) l' entrata	**m)** le entrate
g) lo zaino	**n)** gli zaini

! Die Formen **lo** und **gli** des bestimmten Artikels finden Sie nicht nur bei männlichen Substantiven, die mit **s** + Konsonant oder mit **z** beginnen wie bei **lo studente** und **lo zoo**. Sie finden sie auch bei männlichen Substantiven mit den Anfangsbuchstaben **ps**, **x**, **y** oder **gn**: **lo psichiatra**, **lo xenofobo**, **lo yoga**, **gli gnocchi**.

3 ★

Entscheiden Sie, welche Form des **Artikels** vor dem Adjektiv stehen muss.

a) la/l' ottima frutta
b) il/lo buon psichiatra
c) i/gli nuovi attori
d) la/l' lunga passeggiata
e) l'/il enorme parco
f) la/l' brava attrice
g) gli/i ultimi giorni
h) lo/il grande giardino
i) l'/il bell'americano
j) i/gli piccoli zaini

4 ★★

Vervollständigen Sie die Sätze, wo nötig, mit dem **bestimmten Artikel**.

a) Buongiorno ______ dottor Franchi, come sta?
b) Tu sai come sta ______ signora Rota?
c) Signora, Le presento ______ ingegner Carli.
d) Senti, sei libero ______ giovedì prossimo?
e) Di solito, io e Carlo ______ martedì sera andiamo al corso di tango.
f) Tu dove hai imparato ______ olandese?
g) Mio padre fa ______ traduttore, mia madre invece è ______ giornalista.
h) Scusi, la macchina ha ______ navigatore?
i) Da quando porti ______ occhiali?
j) Senti, fra poco è ______ mezzogiorno, devo tornare a casa!
k) ______ Svizzera è un paese ricco.
l) I miei colori preferiti sono ______ rosso e ______ nero.

5 ★

Schreiben Sie die Verbindung **Präposition + bestimmter Artikel** auf und entschlüsseln Sie sie.

a) Domani mi devo alzare alle sei.	*alle*	*a + le*
b) Voglio andare presto al mercato.	al	a il
c) Vorrei comprare delle melanzane fresche.	delle	di le
d) Devo andare anche dal parrucchiere.	dal	da il
e) All'una devo essere da Lucia.	All'	A l'
f) Pranziamo e nel pomeriggio usciamo.	nel	in il
g) Questa sera vado dai miei vicini.	dai	da i
h) Prima mi riposo un po' sul divano.	sul	su il

Der unbestimmte Artikel

6 ★

Ergänzen Sie die unbestimmten Artikel **un, uno, una, un'**.

männlich			weiblich		
a) lo strumento	uno	strumento	**f)** la musica	una	musica
b) il direttore	un	direttore	**g)** l'orchestra	un'	orchestra
c) l'applauso	un'	applauso	**h)** la scena	una	scena
d) il pubblico	un	pubblico	**i)** la spettatrice	una	spettatrice
e) lo spettacolo	uno	spettacolo	**j)** l'aria	un'	aria

7 ★

Ergänzen Sie mit den richtigen Formen des **unbestimmten Artikels**.

a) un piccolo zoo
b) uno zaino pesante
c) un buon panino
d) una buona pizza
e) una bella idea
f) un' idea geniale
g) un olio forte
h) un altro yogurt
i) uno yogurt acido

8 ★★

Wo wird der **unbestimmte Artikel** benutzt? Und wo nicht?

Oggi pomeriggio sono andata in centro per comprare un **(a)** libro per Gianni. Prima però sono entrata in una **(b)** boutique molto carina. Un **(c)** ora e mezza dopo sono uscita con una **(d)** sciarpa per Carlo, un **(e)** braccialetto per Anna, uno **(f)** zainetto per Olga e un **(g)** abito da sera per me. Per festeggiare gli acquisti sono andata in un **(h)** bar e ho ordinato un **(i)** prosecco. Siccome erano già le cinque e – **(j)** mezz'ora dopo dovevo essere dal medico, sono rimasta senza – **(k)** libro! Che – **(l)** pomeriggio!

!

Achten Sie auf den Unterschied zwischen der männlichen Form **un** und der weiblichen **un'** (mit Apostroph). Er ist zwar nicht hörbar, in einem geschriebenen Text jedoch sichtbar. **Un** (ohne Apostroph) wird nur mit männlichen Substantiven benutzt (**un tedesco**, **un libro**), auch wenn diese mit Vokal beginnen (**un amore**, **un italiano**).

Der Teilungsartikel

9 ★

Bilden Sie mithilfe der Angaben die Formen des Teilungsartikels.

	il	lo	l'	la	i	gli	le
di	*del*	dello	del'	della	dei	degli	delle

10 ★

Wie werden die Sätze zu Ende geschrieben? Verbinden Sie.

a) Per la gita di domenica faccio delle
b) Nella salsa ho messo dell'
c) Per domani sera ho comprato dello
d) Sandro mi fa sempre dei
e) Nei panini ho messo del
f) Alla fine della cena mangio spesso della
g) Come contorno ho preparato degli

e **A** prosciutto. ✓
d **B** bei regali. ✓
f **C** frutta. ✓
b **D** aglio. ✓
g **E** spinaci al burro. ✓
a **F** pizzette. ✓
c **G** spumante. ✓

11 ★★

Mit oder ohne **Teilungsartikel**? Kreuzen Sie die richtige Möglichkeit an.

a) Pia e Piero non hanno B figli.
☐ **A** dei ☐ **B** --

b) Qui fanno B ottimi ravioli.
☐ **A** -- ☐ **B** degli

c) Io non bevo mai B superalcolici.
☐ **A** dei ☐ **B** --

d) Abbiamo avuto A fortuna.
☐ **A** -- ☐ **B** della

e) Se hai A tempo mi aiuti, vero?
☐ **A** -- ☐ **B** del

f) Mi dia due chili B patate.
☐ **A** -- ☐ **B** di

g) Tu sai se c'è ancora B speranza?
☐ **A** della ☐ **B** --

h) Hai ancora B dischi degli Abba?
☐ **A** -- ☐ **B** dei

!

Bei Mengenangaben mit einem Substantiv wie z. B. **chilo** (*Kilo*), **litro** (*Liter*), **bottiglia** (*Flasche*), **pezzo** (*Stück*) usw. sowie nach **un po'** (*ein bisschen*) folgt die Präposition **di** ohne bestimmten Artikel.

Abstrakte Begriffe – z. B. **fortuna** (*Glück*) – werden ohne Teilungsartikel benutzt.

Das Geschlecht der Substantive

12 ★

Bei fünf Substantiven kann das Geschlecht weder durch die Endung noch durch den Artikel erkannt werden. Markieren Sie sie.

- ☐ **A** la macchina
- ☐ **B** il divano
- ☒ **C** l'estate
- ☐ **D** l'uva
- ☐ **E** la notte
- ☒ **F** l'amore
- ☐ **G** il fiore
- ☐ **H** la spiaggia
- ☒ **I** l'ospedale
- ☐ **J** la foto
- ☐ **K** il programma
- ☒ **L** l'arte
- ☐ **M** l'oliva
- ☐ **N** la mano
- ☐ **O** il mese
- ☐ **P** il caffè
- ☒ **Q** l'errore
- ☐ **R** l'armadio
- ☐ **S** lo specchio
- ☐ **T** l'uovo

13 ★★

Männlich oder **weiblich**? Fügen Sie den bestimmten Artikel hinzu.

a) il tennis
b) il computer
c) il cinema
d) l' auto
e) il pilates
f) il problema
g) la radio
h) la metropoli
i) il clima
j) la foto
k) la crisi
l) lo sport
m) la moto
n) l' analisi
o) il programma

Substantive, die auf einem Konsonanten enden, sind in der Regel männlich. **La mail** bzw. **l'e-mail** bildet dabei eine Ausnahme. Männlich sind meistens auch Wörter mit der Endung **-ma**: **cinema**, **dramma**, **problema**, **programma**, **sistema**, **tema**.

Weibliche Substanive auf **-o** sind oft Abkürzungen: **la fotografia** – **la foto**, **l'automobile** – **l'auto**, **la motocicletta** – **la moto**.

Die weiblichen Wörter auf **-i** sind griechischen Ursprungs.

14 ★

Markieren Sie die **Berufs- und Personenbezeichnungen** und schreiben Sie die weibliche Entsprechung mit dem bestimmten Artikel auf.

a) La nostra ditta cerca un traduttore. la traduttrice

b) In questo locale lavora un cuoco tedesco. la cuoca

c) Il parrucchiere sotto casa è molto bravo. la parrucchiera

d) Al secondo piano abita un farmacista. la farmacista

e) Quel cliente lascia sempre una buona mancia. la cliente

f) Il mio professore di matematica è severissimo. la professoressa

g) Da due giorni abbiamo un nuovo collega. la nuova collega

Bei einigen traditionell männlichen Berufsbezeichnungen zeichnet sich ein Wandel ab. Neben **il medico**, **l'ingegnere**, **l'avvocato**, **il ministro**, **l'architetto** und **il chirurgo** gibt es auch die weibliche Entsprechung auf **-a** (z. B. **la ministra**). Die weiblichen Formen werden aber eher selten benutzt. In der Regel heißt es also auch bei einer Frau **un buon medico** oder **un bravo architetto**.

15 ★

Schreiben Sie folgende **Personenbezeichnungen** paarweise auf.

~~madre~~ • donna • moglie • sorella • genero • maschio • ~~padre~~ • uomo • femmina • nuora • fratello • marito

madre - padre, donna - uomo, moglie - marito
sorella - fratello, genero - nuora, maschio - femmina

16 ★★★

Welche **Bedeutung** haben folgende **Substantive**? Ordnen Sie zu.

a) il capitale F
b) la capitale I
c) il fine J
d) la fine B
e) il porto H
f) la porta A
g) il cappello E
h) la cappella C
i) il costo D
j) la costa G

B das Ende
D die Kosten
J der Zweck
H der Hafen
F das Kapital
G die Küste
I die Hauptstadt
C die Kapelle
E der Hut
A die Tür

Die Mehrzahl der Substantive

17 ★

Setzen Sie die Substantive in Klammern in die **Mehrzahl**.

a) Le donne mettono sempre tante cose (cosa) nelle loro borse (borsa) e borsette (borsetta). **b)** Non mancano certamente le chiavi (chiave), i fazzoletti (fazzoletto), l'agendina con tutti gli indirizzi (indirizzo) e gli impegni (impegno) di tutti i giorni (giorno). **c)** Non mancano nemmeno i vari documenti (documento), il portafoglio e il necessario per il trucco. **d)** Spesso ci sono anche le sigarette (sigaretta), delle caramelle (caramella), gli occhiali da sole e magari delle medicine (medicina). **e)** E forse ci sono anche alcuni piccoli segreti (segreto) ...

18 ★

Bei folgenden Wörtern handelt es sich um Substantive mit **Besonderheiten in der Mehrzahlbildung**. Schreiben Sie die Einzahl auf.

Mehrzahl	Einzahl	Mehrzahl	Einzahl
a) i tedeschi	il tedesco	**e)** i caffè	il caffè
b) i laghi	il lago	**f)** le camicie	la camicia
c) gli austriaci	l'austriaco	**g)** le amiche	l'amica
d) i farmacisti	il farmacista	**h)** le psicologhe	la psicologa lo psicologo

19 ★

Wie lauten die markierten Substantive in der **Mehrzahl**? Geben Sie auch den bestimmten Artikel an.

a) Rosanna ha **una collega** austriaca. le colleghe

b) **Il figlio** di Mariella studia medicina. I figli

c) **L'albergo** ha **una spiaggia** privata. gli alberghi, le spiagge

d) Hai **una foto** della tua ragazza? le foto

e) Mio **zio** vive a Londra. gli zii

f) Nella macedonia metti anche **un'arancia**? le arance

g) Ho **un problema**: ho perso le chiavi di casa. i problemi

h) Vicino a casa nostra c'è un bel **parco**. i parchi

Achten Sie bei männlichen Substantiven, die in der Einzahl auf **-co/-go** und in der Mehrzahl auf **-ci/-gi** enden, auf die Aussprache: In der Einzahl wird **c** wie „k" in *Koch* ausgesprochen und **g** wie „g" in *Gold*. In der Mehrzahl hingegen spricht man **c** wie [tʃ] in *Tschüß* und **g** wie [dʒ] in *Gin* aus.

20 ★

Einige Substantive, die **Körperteile** benennen, sind unregelmäßig. Übersetzen Sie und geben Sie die **Mehrzahl** an.

	Einzahl	Mehrzahl
a) der Fuß	*il piede*	i piedi
b) das Bein	la gamba	le gambe
c) das Knie	il ginocchio	i ginocchi
d) der Arm	il braccio	le braccia
e) die Hand	la mano	le mani
f) der Finger	il dito	le dita
g) die Lippe	il labbro	le labbra
h) das Ohr	l'orecchio	le orecchie (gli orecchi)
i) das Auge	l'occhio	gli occhi

21 ★★

Finden Sie die zusammengesetzten Substantive. Schreiben Sie sie und geben Sie dann die **Mehrzahl** an.

SUCCODIFRUTTAPACCHETTODISIGARETTEFINESETTIMANACOSTUMEDABAGNOCAMERADOPPIA

a) *il* succo di frutta — i succhi di frutta

b) *il* pacchetto di sigarette — i pacchetti

c) *il* fine settimana — i fine

d) *il* costume da bagno — i costume

e) *la* camera doppia — le camere

22 ★★★

Welche Besonderheit haben folgende Substantive? Kreuzen Sie an.

a) gli occhiali, i pantaloni

☐ **A** In der Einzahl sind sie weiblich.

☒ **B** Es gibt keine Einzahl.

b) l'uovo

☒ **A** In der Mehrzahl ist es weiblich und endet auf **-a**.

☐ **B** Für die Mehrzahl nimmt man ein anderes Wort.

c) il paio, un centinaio, un migliaio

☐ **A** Die Mehrzahl hat zwei **-ii**.

☒ **B** In der Mehrzahl sind sie weiblich und enden auf **-a**.

d) la gente, la roba

☒ **A** Die Wörter werden nur in der Einzahl verwendet.

☐ **B** In der Mehrzahl werden sie männlich.

e) l'uomo

☐ **A** Es gibt keine Mehrzahl.

☒ **B** In der Mehrzahl gibt es eine Sonderform.

!

Denken Sie daran, auch Verben und Adjektive, die **la roba** oder **la gente** als Bezugswort haben, in die Einzahl zu setzen:
Qui abita tanta gente simpatica. (*Hier wohnen viele sympathische Leute.*)
Che cosa dice la gente? (*Was sagen die Leute?*)
Questa è tutta roba vecchia. (*Das sind lauter alte Sachen.*)

Einzahl und Mehrzahl

23 ★

Ordnen Sie die Adjektive dem jeweils passenden Foto zu. Einige können doppelt zugeordnet werden.

simpatico ▪ dinamica ▪ intelligente ▪ allegra ▪ ottimista ▪ timido ▪ alto ▪ magra ▪ robusto ▪ giovane ▪ carina ▪ paziente ▪ comunicativa ▪ creativo

a) simpatico, intelligente, timido, alto, robusto, giovane, paziente, creativo

b) dinamica, intelligente, allegra, ottimista, magra, giovane, carina, paziente, communicativa

24 ★

Wandeln Sie die Adjektive in die weibliche Form um.

männlich	weiblich
a) il formaggio fresco	la panna fresca
b) il vaso cinese	la statua cinese
c) l'appartamento luminoso	la stanza luminosa
d) il giardino piccolo	la casa piccola
e) lo studente austriaco	la manager austriaca
f) il cane coraggioso	la tartaruga coraggiosa
g) l'uomo pessimista	la donna pessimista

25 ★

Welches ist die passende Antwort? Ordnen Sie zu. Achten Sie dabei auch auf die Endungen der **Einzahl** und **Mehrzahl**.

a) Com'è la pizza?	___	**A**	Un po' salati, ma buoni.
b) Come sono le lasagne?	___	**B**	Dolci, croccanti, insomma... squisiti!
c) Com'è il gelato?	___	**C**	Ottima!
d) Come sono gli spinaci?	___	**D**	Buone, anzi, ottime!
e) Come sono le paste?	___	**E**	Squisito!
f) Come sono i biscotti?	___	**F**	Forse un po' troppo dolci, ma buone.

26 ★

Ergänzen Sie in den folgenden Texten die **Endungen der Adjektive.**

a) Le persone nate sotto il segno dei Pesci sono molto apert___. Di solito sono persone estrovers___, socievol___ e creativ___, ma anche un po' disordinat___. Inoltre possono essere molto affettuos___.

b) I nati sotto il segno dei Gemelli sono pazient___, riflessiv___ e vanno d'accordo con tutti. Inoltre, sono sensibil___, tranquill___ e molto gentil___, ma sono anche abbastanza dominant___.

c) Le persone nate sotto il segno del Capricorno amano essere indipendent___. Hanno un carattere introvers___ e riflessiv___. Sono anche persone molto ordinat___ e un po' pignol___.

d) I Sagittari sono orgoglios___ e testard___ e anche un po' permalos___. Con gli amici sanno essere molto disponibil___. Inoltre, amano la libertà e sono intraprendent___ e creativ___.

27 ★

Ergänzen Sie die Endungen folgender Adjektive. Bedenken Sie, dass sie bei der Bildung der Mehrzahl **Besonderheiten** aufweisen.

männlich	weiblich
a) i villaggi turistic i	**h)** le persone dinamic he
b) i problemi ordinar i	**i)** le automobili vecch ie
c) i clienti antipatic i	**j)** le vacanze economic he
d) i piatti sporc hi	**k)** le statue antic he
e) i caratteri pessimist i	**l)** le persone egoist e
f) i pantaloni lung hi	**m)** le gonne larg he
g) i villaggi grec i	**n)** le specialità grec he

28 ★

Vervollständigen Sie die Sätze mit der passenden Form von **buono**. Einige Formen können Sie mehrmals verwenden.

a) Vorrei comprare una buona macchina fotografica.

b) Carlo ha trovato un buon lavoro.

c) Facciamo buoni affari con l'estero.

d) Mia figlia lavora in un buono studio medico.

e) Mio nonno ha una buona pensione.

f) L'art director ha sempre delle buone idee.

g) Stamattina Stefania si è alzata di buon' ora.

h) Hai augurato buon compleanno a Giulia?

buona
buon
buoni
buono
buone
buon'

29 ★

Wählen Sie bei folgenden Ausrufen und Komplimenten die passende Form von **bello**.

a) Che **bel/bello** bambino!
b) Che **begli/belle** mani!
c) Che **bella/belle** macchina!
d) Che **bello/bell'** spettacolo!
e) Che **belli/begli** stivali!
f) Che **bell'/bel** appartamento!
g) Che **begli/bei** capelli!
h) Che **bell'/bel** idea!
i) Che **begli/belli** occhi!
j) Che **bello/bel** vestito!

Komplimente gehören in Italien zum Alltag. Mit einem harmlosen **Che bel bambino!** macht man Eltern und Großeltern immer eine Freude und kommt auf sympathische und ungezwungene Art mit anderen Leuten in Kontakt.

30 ★

Welche **Farbadjektive** erkennen Sie in der Wortspirale? Ordnen Sie sie der passenden Kategorie zu.

veränderlich: ______________________

____

____

____

____

unveränderlich: ______________________

____

____

____

____

31 ★★

Ergänzen Sie in diesem Text die Endungen der **Farbadjektive**.

La mia casa è coloratissima. Nell'ingresso tre pareti sono giall_e_ **(a)** e una bianc_a_ **(b)**. La stanza da letto è ros_a_ **(c)** pallido e i mobili sono bianc_hi_ **(d)**. La sedia della scrivania è ross_o_ **(e)** fuoco e i cuscini sul letto sono azzurr_i_ **(f)** e turches_i_ **(g)**. Nel soggiorno le pareti sono verd_e_ **(h)** chiaro e le tende verd_e_ **(i)** scuro. I mobili sono beig_e_ **(j)**. Il tavolo invece è ner_o_ **(k)** e le sedie grig_io_ **(l)** ferro con dei cuscini grig_io_ **(m)** chiaro. Inoltre c'è un grande tappeto arancion_e_ **(n)** con dei disegni giall_i_ **(o)** e marron_e_ **(p)**.

!

Denken Sie daran, dass Farbadjektive unveränderlich sind, wenn sie mit einem Adjektiv oder Substantiv näher beschrieben werden:
dei pantaloni rosso fuoco (*eine feuerrote Hose*)
una gonna verde chiaro (*ein hellgrüner Rock*)

Die Stellung der Adjektive

32 ★

Schreiben Sie die Adjektive in die korrekte Lücke. Gleichen Sie sie an.

a) Piero ha comprato dei _____ pantaloni _neri_. (nero)
b) Nora è una _bella_ ragazza _____ di 18 anni. (bello)
c) Il notaio Brezzo è una _____ persona _molto gentile_. (molto gentile)
d) Elena fa un corso di _____ chitarra _classico_. (classico)
e) Fabio è un _grande_ specialista _____ di storia antica. (grande)
f) La casa ha una _____ cucina _molto grande_. (molto grande)
g) Mio figlio ha un _buono_ stipendio _____. (buono)
h) Pia ha preparato un _____ minestrone _molto buono_. (molto buono)
i) Ines abita in un _____ villaggio _molto piccolo_. (molto piccolo)
j) A me piacciono molto i _____ dolci _siciliani_. (siciliano)

33 ★★

Welche Bedeutung haben die folgenden **Adjektive**, wenn sie vor dem Substantiv stehen? Kreuzen Sie an.

a) Luca è un **vecchio** amico di mio padre.

☐ **A** Luca ist schon betagt. ☒ **B** Luca ist ein langjähriger Freund.

b) La nostra vicina è proprio una **povera** donna.

☒ **A** Sie ist bemitleidenswert. ☐ **B** Die Nachbarin ist mittellos.

c) Bolle è un **grande** ballerino.

☐ **A** Er ist großgewachsen. ☒ **B** Er ist ein bedeutender Tänzer.

d) La signora Corà è una **cara** collega di mia madre.

☐ **A** Die Frau ist kostspielig. ☒ **B** Sie ist eine liebe Kollegin.

e) In sala c'è una **sola** persona.

☒ **A** Es ist die einzige Person. ☐ **B** Die Person ist einsam.

Steigerung und Vergleichssatz

34 ★

Auf welches Tier treffen die Aussagen zu?

È più pesante. • È più alta. • È meno forte. • Il collo è più lungo. • Le orecchie sono più grandi. • Le zampe sono più grosse.

a) ______________

____

____

____

____

b) ______________

____

____

____

____

____

35 ★

Leo vergleicht verschiedene Tanz- und Sportarten. Wie drückt er sich aus?

Secondo me ...

a) il nuoto | + completo | il jogging — *Il nuoto è più completo del jogging.*

b) il pilates | - divertente | lo step — è meno dello

c) il karate | + difficile | il judo — è più del

d) i tuffi | + pericoloso | il nuoto — sono più dei

e) la salsa | - romantico | il tango — è meno del

f) il calcio | + praticato | la pallavolo — è più della

g) il mambo | - faticoso | l'hip hop — è meno dell'

36 ★

Ergänzen Sie folgende Vergleiche mit di (+ Artikel) oder mit che.

a) È più importante avere un lavoro tranquillo che avere un buono stipendio.

b) Il nuovo collega è più introverso che riflessivo.

c) Il capufficio è meno gentile con me che con te.

d) Carlotta sa meglio l'inglese del tedesco.

e) È più faticoso stare in riunione che scrivere una relazione.

f) A pranzo è più sano andare in mensa che mangiare un panino in ufficio.

g) Secondo me Simona è più creativa che pratica.

h) Al computer Daniele è certamente meno veloce di te.

!

Leute, die denselben Beruf ausüben, duzen sich in Italien oft, auch wenn sie sich nicht kennen. Man nennt es **il tu di colleganza** und will damit die Gruppenzugehörigkeit betonen.

37 ★

Ergänzen Sie die fehlenden Elemente **des relativen Superlativs.**

a) der unterhaltsamste Film — *il* film *più* divertente

b) der schönste Tag — il giorno più bello

c) das meist verkaufte Buch — il libro più venduto

d) die günstigsten Ferien — le vacanze meno costose

e) die am wenigsten anstrengende Arbeit — il lavoro meno faticoso

f) die längsten Nächte — le notti più lunghe

g) der heißeste Sommer — l' estate più calda

38 ★

Bringen Sie die Elemente dieser Fragen mit dem **relativen Superlativ** in die richtige Reihenfolge.

a) Qual | più | l' | della | severo | scuola | insegnante | è | ?

____

b) è | compagno | classe | Qual | simpatico | della | il | più | ?

____

c) interessanti | materie | più | le | Quali | sono | ?

____

d) meno | Qual | settimana | giorno | è | della | il | stressante | ?

____

e) sono | anni di scuola | più | Quali | ricordi | degli | belli | i | ?

____

39 ★

Bilden Sie **den absoluten Superlativ** dieser Adjektive.

a) caldo *caldissimo*

b) veloce ____________

c) sporco ____________

d) lungo ____________

e) difficile ____________

f) vecchio ____________

g) bianco ____________

h) pratico ____________

i) gentile ____________

40 ★

Drücken Sie den sehr hohen Grad der Eigenschaften mit dem **absoluten Superlativ** aus.

a) Ieri abbiamo visto un film *bellissimo* (bello).

b) Io l'ho trovato ____________ (triste).

c) Era triste, ma anche ____________ (avvincente).

d) Gli attori sono tutti ____________ (bravi).

e) E la colonna sonora? Io l'ho trovata ____________ (romantica).

f) La protagonista è una donna ____________ (bella).

g) Io il film l'ho trovato ____________ (noioso).

Weitere Adverbien, mit denen Sie den sehr hohen Grad einer Eigenschaft ausdrücken können, sind z. B. **assolutamente**, **enormemente**, **terribilmente**, die in diesem Fall ins Deutsche mit ***sehr*** übersetzt werden.

Vielleicht haben Sie auch schon Aussagen wie **sono stanco stanco** (*ich bin sehr müde*) oder **la sala è piena piena** (*der Saal ist sehr voll*) gehört. Die Verdoppelung des Adjektivs ist eine weitere Möglichkeit, den Begriff „sehr" auszudrücken.

41 ★★

Buono, **cattivo**, **grande** und **piccolo** haben auch **unregelmäßige Steigerungsformen**. Suchen Sie sie von rechts nach links und von oben nach unten im Buchstabenfeld. Schreiben Sie sie zu den regelmäßigen Formen.

I	M	O	G	M	A	G	G	I	O	R	E
M	I	G	L	I	O	R	E	M	T	E	N
A	N	P	E	S	S	I	M	O	T	A	B
S	O	E	S	S	I	M	I	N	I	M	O
S	R	G	I	M	A	S	S	I	M	O	N
P	E	G	G	I	O	R	E	M	O	G	O

a) più buono ______

b) più cattivo ______

c) più grande ______

d) più piccolo ______

e) buonissimo ______

f) cattivissimo peggiore

g) grandissimo ______

h) piccolissimo ______

Die Entsprechungen beim relativen Superlativ lauten:
il più buono = il migliore
il più grande = il maggiore
il più cattivo = il peggiore
il più piccolo = il minore.

42 ★★★

Welche ist die passende Form? Manchmal sind beide Formen möglich.

a) "La Torre" è **il più buon/il miglior** albergo della città.

b) Sandro ha un gran cuore; è proprio una persona **buonissima/ottima**.

c) Tra le due interpretazioni c'è solo una **piccolissima/minima** differenza.

d) Il professor Carli è un **buonissimo/ottimo** insegnante; insegna proprio bene.

e) Maria Callas è forse **il più grande/il maggior** soprano di tutti i tempi.

43 ★★★

Vervollständigen Sie die Sätze. Benutzen Sie bei der Übersetzung **die unregelmäßigen Steigerungsformen** der Adjektive.

a) Luca è ______________________ di mio padre.
(der beste Freund)

b) Questo film ha avuto ______________________.
(eine sehr schlechte Kritik)

c) A settembre si sposa ______________________ di Elisa.
(die älteste Tochter)

d) In chimica Ezio è ______________________ di me.
(schlechter)

e) Come si chiama ______________________ di Gianna?
(der jüngste Bruder)

f) Al corso di italiano Simona è ______________________.
(meine beste Studentin)

g) Pia non fa ______________________ per migliorare.
(die geringste Anstrengung)

h) Non trovare un parcheggio è ______________________.
(ein geringeres Problem)

i) Fellini è ______________________.
(einer der größten italienischen Regisseure)

j) Bruno ha preso ______________________ della classe.
(die schlechteste Note)

Ursprüngliche und abgeleitete Adverbien

44 ★

Welche ursprünglichen Adverbien sind in der Wortschlange versteckt? Ordnen Sie sie den deutschen Entsprechungen zu.

a) draußen ____________ **c)** leider ____________ **e)** wenig ____________ **g)** jetzt ____________

b) ziemlich ____________ **d)** schon ____________ **f)** gestern ____________ **h)** hier ____________

45 ★

Vervollständigen Sie die Sätze, indem Sie das angegebene Adjektiv in ein abgeleitetes **Adverb auf -mente** umformen.

a) Roberto è una persona *veramente* (vero) gentile.

b) Questo vino è ____________ (particolare) buono.

c) Teresa impara tutto ____________ (veloce).

d) Il fine settimana ____________ (naturale) non lavoro.

e) Se sei in difficoltà, vai da Diego, lui ti aiuta ____________ (sicuro).

f) Francis parla ____________ (perfetto) l'italiano.

g) Oggi sono ____________ (leggero) raffreddato.

Neben den Adverbien auf **-mente** gibt es eine ganze Reihe adverbialer Ausdrücke, so z. B. **di solito** (*normalerweise*), **in genere** (*im Allgemeinen*), **per caso** (*zufällig*).

46 ★

Adjektiv oder **Adverb**? Unterstreichen Sie das jeweils passende Wort.

a) Franca è una persona che si irrita **facile/facilmente**.

b) Domani **probabilmente/probabile** non posso andare al corso di hip hop.

c) Dottore, Le telefono per fissare un **eventuale/eventualmente** incontro.

d) Dovrei fare un corso d'inglese, perché lo parlo proprio **cattivo/male**.

e) Perché non fai un corso di pilates? Vedrai che non è **difficile/difficilmente**.

f) Questo caffè è proprio **bene/buono**.

g) Ivana è **felice/felicemente** sposata.

h) Sono **assoluto/assolutamente** sicuro di arrivare in tempo.

i) Il treno delle otto e mezzo di solito è **puntuale/puntualmente**.

47 ★

Welcher Satzteil wird durch das **Adverb** näher bestimmt? Kreuzen Sie an.

a) Sergio suona **bene** la chitarra.

☐ A das Substantiv **chitarra** ☐ B das Verb **suonare**

b) **Purtroppo** non possiamo venire.

☐ A der Satz **non possiamo venire** ☐ B das Verb **possiamo**

c) Leo è **follemente** innamorato.

☐ A das Adjektiv **innamorato** ☐ B der Eigenname **Leo**

d) Silvana sta **abbastanza** male.

☐ A das Verb **stare** ☐ B das Adverb **male**

e) Ieri sera abbiamo mangiato **veramente** bene.

☐ A das Adverb **bene** ☐ B das Verb **mangiare**

Die Stellung der Adverbien

48 ★★

Schreiben Sie die **Adverbien** in die passende Lücke.

a) La nostra prof sa ________ spiegare ________ la grammatica. (bene)

b) Domani dobbiamo ________ partire ________. (presto)

c) Da noi fa ________ caldo ________. (incredibilmente)

d) Io al concerto mi sono ________ annoiata ________. (molto)

e) L'orchestra ha ________ suonato ________. (meravigliosamente)

f) Gli ospiti sono ________ arrivati ________. (adesso)

g) Cerca di non ________ fumare ________! (troppo)

49 ★★

Bringen Sie die Elemente in die richtige Reihenfolge.

a) lo spettacolo | iniziato | appena | è

____

b) mangiato | del pesce | ancora | abbiamo

____

c) non | andare | in vacanza | forse | possiamo

____

d) già | sono | i clienti | partiti

____

e) noi | al cinema | andiamo | anche

____

Steigerung und Vergleichssatz

50 ★

In welchen fünf Sätzen kommt ein Komparativ vor? Kreuzen Sie an.

- ☐ **A** Dovresti mangiare più lentamente.
- ☐ **B** È vero che Renzo guida attentamente?
- ☐ **C** Perché non rispondi più gentilmente?
- ☐ **D** Carlo ha reagito coraggiosamente.
- ☐ **E** Quando sono stanco parlo meno velocemente.
- ☐ **F** Perché non vai più spesso dal parrucchiere?
- ☐ **G** Oggi sono leggermente raffreddata.
- ☐ **H** Stasera torno a casa meno tardi del solito.

51 ★

Wie lautet der **absolute Superlativ** auf **-issimo** folgender Adverbien?

a) tardi *tardissimo*
c) bene ______
e) poco ______
g) spesso ______
b) presto ______
d) male ______
f) molto ______
h) rapidamente ______

Die Adverbien auf **-mente** können zwar den absoluten Superlativ auf **-issimo** bilden, aber man bevorzugt bei diesen Adverbien die Form mit **molto**: **molto rapidamente** (*sehr schnell*), **molto gentilmente** (*sehr freundlich*), **molto cordialmente** (*sehr herzlich*).

Kennen Sie das Adverb **precipitevolissimevolmente**? Es bedeutet *superschnell* und wurde in den Sechzigerjahren des letzten Jahrhunderts durch einen Schlager bekannt.

52 ★

Suchen Sie in folgenden Sätzen die Formen des Komparativs von **bene**, **male**, **poco** und **molto** und vervollständigen Sie damit die Tabelle.

Maria legge più delle sue amiche.

Se non faccio sport, sto peggio.

Ida mangia meno degli altri.

Chi suona meglio il violino, Alessia o Bianca?

	a) bene	b) male	c) molto	d) poco
Komparativ				

53 ★

Vervollständigen Sie die **Vergleichssätze**, indem Sie die deutschen Angaben übersetzen.

a) Elvira balla bene il tango, *meglio del* ____________ *(besser als)* suo ragazzo.

b) Questa stampante costa molto, ____________ *(mehr als)* altre.

c) Io lavoro poco al computer, ____________ *(weniger als)* Diego.

d) Oggi mi sono svegliata tardi, ____________ *(später als)* ieri.

e) Io cucino male, ____________ *(schlechter als)* mio marito.

f) Piero telefona raramente, ____________ *(seltener als)* suo fratello.

g) Questo fax funziona bene, ____________ *(besser als)* altro.

h) Paolo ci scrive spesso, ____________ *(häufiger als)* suoi fratelli.

i) Fa volentieri ginnastica, ____________ *(lieber als)* suo ragazzo.

54 ★★★

Wie wird der **relative Superlativ** wiedergegeben? Übersetzen Sie.

a) Alessia rennt am schnellsten. (correre)

Alessia corre più velocemente di tutti.

b) Gianni spielt am besten Klavier. (suonare il pianoforte)

____

c) Maria und Sergio reisen am seltensten. (viaggiare)

____

d) Ida langweilt sich am meisten. (annoiarsi)

____

55 ★★★

Drücken Sie mithilfe der Angaben den Begriff *ebenso … wie* aus.

a) Marco | guardare la tivù | spesso | tanto … quanto | Gianni

Marco guarda tanto spesso la tivù quanto Gianni.

b) Anna | reagire | aggressivamente | così … come | Miriam

____

c) Noi | andare in montagna | raramente | tanto … quanto | voi

____

d) Giorgia | nuotare | volentieri | così … come | le sue amiche

____

e) A scuola | Lino | essere bravo | tanto … quanto | sua sorella

____

Die Personalpronomen

56 ★★★

In welchen Sätzen kommen **Subjektpronomen** vor? Kreuzen Sie an und schreiben Sie die Pronomen in die Lücken.

- ☐ A Ciao, io sono Gianni. E tu?
- ☐ B Chi viene con me?
- ☐ C Perché non ci telefoni mai?
- ☐ D Quanti anni ha tuo fratello?
- ☐ E Noi rimaniamo qui, e voi?
- ☐ F Enzo, ti presento mia moglie.
- ☐ G Lei, signora, che cosa prende?
- ☐ H Loro sono francesi, lui no.
- ☐ I Mi passi il pane, per favore?
- ☐ J Lui va al mare, lei no.

a) ich ____ **b)** du ____ **c)** er/sie/Sie ____ **d)** wir ____ **e)** ihr/Sie ____ **f)** sie ____

In Mittel- und Süditalien kann es vorkommen, dass man als einzelne Person mit **voi** angesprochen wird. Es handelt sich aber um einen regionalsprachlichen Gebrauch. In der Regel wendet man sich mit **voi** an mehrere Personen, auch beim Siezen.

57 ★

Vervollständigen Sie die Dialoge mit den passenden **Subjektpronomen**.

a) Anche ______ prendi il minestrone? – No, io preferisco le lasagne.

b) Sono francesi i Chaptinel? – Lui sì, ______ invece è belga.

c) Scusi, è ______ la signora Mazzotta? – Sì, sono ______.

d) Quando arrivano Sandro e Maria? – Ah, devono venire anche ______?

e) Noi quest'anno andiamo al mare, e ______? – ______ ancora non lo sappiamo.

58 ★

Welche markierten Teile müssen durch ein **direktes Objektpronomen** (d) ersetzt werden? Welche durch ein **indirektes Objektpronomen** (i)?

a) Che cosa regalate **ai nonni**? i

b) Perché non racconti **una barzelletta**? ____

c) Hai già risposto **all'ingegner Colla**? ____

d) Mauro aiuta molto **sua madre ammalata**. ____

e) Ieri pomeriggio ho telefonato **a Patrizia**. ____

f) Alle dieci ho preso **un cappuccino** al bar. ____

g) Hai salutato **tua zia**? ____

h) Ho prestato il libro **a Gianni**. ____

59 ★

Über wen wird gesprochen? Ordnen Sie die Sätze zu. Achten Sie auf die **Objektpronomen**. Zwei Sätze können Sie mehrmals zuordnen.

A

B

C

D

a) Lo ami davvero? ____

b) Le conosci anche tu? ____

c) Quando la rivedi? ____

d) Quando gli telefoni? ____

e) Che cosa gli hai detto? ____

f) Li incontro a cena. ____

g) Le scrivo domani. ____

h) Lo aiuti tu? ____

60 ★

Wählen Sie das passende **direkte Objektpronomen** aus.

a) Papà, ci porti tu all'aeroporto? – Certo, **mi/vi** porto io.

b) Chi compra il pane? – **La/Lo** compro io.

c) Dottore, **vi/La** chiamo domani mattina? – Sì, domani mattina va benissimo.

d) Chi mi aiuta a spostare il tavolo? – **Ti/Vi** aiuto io.

e) Chi vuole l'ultima fetta di torta? – **La/Li** prendo io.

f) Signora, **La/vi** disturba se fumo? – No, per niente.

g) Quando invitiamo i Rota? – **Li/Le** potremmo invitare domenica sera.

h) Signora, Lei domani è a casa? – Sì, **mi/ti** trova fino alle sei.

!

Denken Sie daran, dass **lo**, **la**, **li** und **le** keine Subjektpronomen sind. Oft wird das Subjektpronomen auf Italienisch nicht erwähnt. Um wen oder was es geht, ist aus Kontext und Verbform ersichtlich:
Roberta ha comprato una macchina. È molto bella. (*Roberta hat ein Auto gekauft. Es ist sehr schön.*),
Ho fatto dei biscotti. Sono nel forno. (*Ich habe Kekse gebacken. Sie sind im Ofen.*).

61 ★

Ergänzen Sie die **indirekten Objektpronomen**.

a) Che cosa regali a tua madre? – ______ regalo un foulard di seta.

b) Sai che sabato è il compleanno di Dino? – È vero, domani ______ scrivo.

c) Ci chiamate quando arrivate? – ______ mandiamo un sms.

d) Dottoressa, che cosa ______ posso offrire? – Un caffè, grazie.

e) Diego, ______ piace il pesce? – Non tanto, preferisco la carne.

f) Hai mandato gli auguri alle zie? – Non ancora, ______ scrivo domani.

g) Signor Valli, ______ posso chiedere una cosa? – Prego, dica!

62 ★★

Finden Sie in der Wortschlange vier Aussagen und ordnen Sie sie dann den Bildern zu. Die **Endung des Partizips Perfekt** kann dabei eine Hilfe sein.

l'hocompratostamattinainsalumerialihopresialnegozio dialimentaril'hopreparataconuncetrioloeunpeperonele hacomprategiannialmercato

a)  **b)**  **c)**  **d)** 

a) ______________________________

b) ______________________________

c) ______________________________

d) ______________________________

63 ★★

Ergänzen Sie die **Objektpronomen** und die **Endungen der Partizipien**.

a) Carla, hai visto il mio portafoglio?

No, ma forse l' hai lasciato nella tua cartella.

b) Tu sai dove ho messo le chiavi della macchina?

Probabilmente ________ hai lasciat________ accanto al telefono.

c) Dove sono i jeans neri?

Quelli ________ ho mess________ in lavatrice, erano sporchi.

d) Ma dov'è la mia agenda?

Stamattina ________ ho vist________ sul tuo comodino.

64 ★★★

Die **Stellung des Objektpronomens** kann in vier der folgenden Sätze verändert werden. Kreuzen Sie die Sätze an und schreiben Sie sie dann um.

☐ **A** Scusi, mi sa dire se c'è una farmacia qui vicino?

☐ **B** Signora, Le consiglio di andare dal medico.

☐ **C** Il medico mi ha prescritto delle gocce.

☐ **D** Le devo prendere prima dei pasti.

☐ **E** Oggi non le ho ancora prese.

☐ **F** Se ho dolori, gli posso telefonare ad ogni ora.

☐ **G** Finora non gli ho ancora telefonato.

☐ **H** Non voglio disturbarlo nel tempo libero.

a) ____________________

b) ____________________

c) ____________________

d) ____________________

65 ★

Ergänzen Sie die **Pronominaladverbien ci** oder **ne**.

a) Andiamo alla mostra di Max Ernst? – Io veramente ______ sono già stato.

b) A te piace il caffè? – Sì, ______ bevo quattro al giorno.

c) Il film "Mamma mia" deve essere bello. ______ andiamo? – Volentieri!

d) Lei mangia tanti salumi? – No, salumi non ______ mangio.

e) Potresti comprare delle mele? – Va bene, e quante ______ devo prendere?

f) Vieni anche tu al cinema? – Sì, voi ______ andate in autobus?

66 ★★★

Bringen Sie die Elemente der Antworten in die richtige Reihenfolge. Achten Sie dabei auf die **Stellung der Pronominaladverbien ci** und **ne**.

a) Pensi ancora al lavoro? (penso | No | adesso | ci | non)

No, adesso ____________________

b) Andiamo a fare una passeggiata? (voglia | ho | adesso | Più tardi | ne | non)

____

c) Allora, hai realizzato il tuo progetto? (ho | ormai | No | rinunciato | ci)

____

d) Hai parlato con qualcuno del problema? (con | parlato | Sì | ho | ne | Sergio)

____

e) Hai bisogno di aiuto? (ma | Grazie | adesso | ne | bisogno | non | ho)

____

f) Possiamo contare sul tuo aiuto? (sempre | potete | Certo | contare | ci)

____

67 ★★★

Schreiben Sie die **Doppelpronomen** auf und entschlüsseln Sie sie dann.

a) Il mio numero di telefono? - Certo, te lo do subito. *te lo* *ti + lo*

b) Devo dare le chiavi a Maria? – Ma gliele ho già date! ____________________

c) Cerca delle rose? – Purtroppo non ce ne sono più. ____________________

d) La collana? – Me l'ha regalata Mario. ____________________

e) Volete la macchina? – Ve la presto volentieri. ____________________

68 ★★★

Ersetzen Sie die markierten Teile durch die passenden Pronomen.

a) **Mi** passi **il pane**, per favore? *Me lo passi, per favore?*

b) **Ci** fate vedere **le foto delle vacanze**? ______

c) Perché non **gli** racconti **la storia**? ______

d) **Ci** sono ancora **dei grissini**? ______

e) Quando **le** mandi **gli auguri**? ______

f) Quando **vi** presenta **la sua fidanzata**? ______

g) Perché non **ti** metti **la cravatta**? ______

h) **Gli** porti tu **le paste**, domenica? ______

Es ist in Italien üblich, dass bei einer Einladung unter Freunden oder in der Familie, einer der Gäste **paste** mitbringt. Die kleinen exquisiten Feingebäcke werden dann als Nachtisch gereicht. Es gibt zahlreiche Sorten und regionale Varianten dieser süßen Leckerbissen.

69 ★★★

Ändern Sie, wo es möglich ist, die **Stellung der Doppelpronomen**.

a) Me li devi dare subito. ______

b) Non voglio prestargliela. ______

c) Ce la potresti portare domani. ______

d) Gliel'ho mandato ieri. ______

e) Non te lo saprei dire. ______

f) Glielo restituisco al più presto. ______

g) Non vuole occuparsene. ______

70 ★★

In den folgenden Dialogen werden **betonte Objektpronomen** gesucht. Wählen Sie das jeweils zutreffende Pronomen aus.

a) Ai bambini piace la carne? - No, a **gli/loro** non piace tanto.

b) Pia, per **te/ti** cosa ordino? - Per **lo/me** un cappuccino.

c) Rosa, Enzo, a **vi/voi** piace viaggiare? - A me sì, a **lui/lo** meno.

d) Oggi sono senza macchina. - Se vuoi, puoi venire con **mi/noi**.

e) Maurizio ama solo **la/te**. - No, lui ama solo **si/se** stesso.

f) Dottor Carli, secondo **voi/Lei** è meglio prenotare un tavolo? - Secondo **mi/me**, sì.

Die Possessiva (aggettivi e pronomi possessivi)

71 ★

Ergänzen Sie die Possessivpronomen.

a) io: *il mio* passaporto, ______ agenda, ______ occhiali

b) tu: ______ vita, ______ lavoro, ______ appunti

c) lui: ______ zaino, ______ cartella, ______ idee

d) lei: ______ ragazzo, ______ famiglia, ______ progetti

e) noi: ______ casa, ______ giardino, ______ vacanze

f) voi: ______ vicino, ______ macchina, ______ problemi

g) loro: ______ cucina, ______ camper, ______ tradizioni

Sie haben sicher bemerkt, dass man bei den Formen **il suo**, **la sua**, **i suoi** und **le sue** nicht erkennt, ob der Besitzer eine Frau oder ein Mann ist. Sollte eine Verdeutlichung nötig sein, kann man anstelle des Possessivpronomens **di lui** bzw. **di lei** verwenden.

72 ★

Wann wird der Besitz mit **suo**, wann hingegen mit **loro** ausgedrückt?

a) la professione di Aurelio = *la sua professione*

b) il lavoro di Sabrina = ______

c) la villetta di Sabrina e Aurelio = ______

d) il gatto di Sabrina e Aurelio = ______

e) le amiche di Stefania = ______

f) i colleghi di Roberto = ______

g) i vicini di Stefania e Roberto = ______

h) le figlie di Stefania e Roberto = ______

73 ★

Vervollständigen Sie die **Possessivpronomen bei Verwandtschaftsbezeichnungen**. Tipp: Der bestimmte Artikel ist nicht immer nötig!

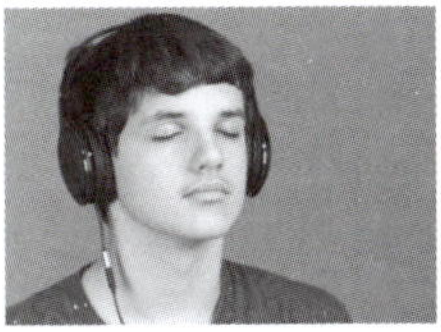

Io sono Paolo. **(a)** Ho 17 anni e abito con *i* mi*ei* genitori. Ho due fratelli e una sorella. **(b)** ___ mi___ sorella è sposata e ha un figlio, Dario. **(c)** John, ___ su___ marito, è inglese e con il figlio parla inglese. **(d)** ___ mi___ nipote, infatti, sa l'italiano e l'inglese. **(e)** ___ mi___ fratelli non sono sposati. **(f)** Luca abita con ___ su___ ragazza qui a Prato, Santo vive a Zurigo con Karin, ___ su___ compagna. Nessuno vuole sposarsi. **(g)** A ___ mi___ madre questo dispiace molto, a ___ mi___ padre invece no.

ABC

Bildet ein unverheiratetes Paar eine Lebensgemeinschaft, wird diese **coppia di fatto** genannt. Mittlerweile sind sie auch in Italien zahlreich. Ein Gesetz, das ihre Rechte und Pflichten verbindlich regelt, steht vorläufig noch aus.

74 ★★★

Übersetzen Sie. Achten Sie dabei auf das **Possessivpronomen bei Verwandtschaftsbezeichnungen**.

a) mein Kollege und sein kleiner Sohn

____

b) unsere Nachbarn und ihre hübsche Tochter

____

c) deine Freundin und ihre sympathische Mutter

____

d) deine Schwester und ihr zweiter Mann

____

e) ihr alter Onkel und seine junge Frau

____

75 ★★★

Entscheiden Sie, welches die **Stellung des Possessivpronomens** ist und ob der **bestimmte Artikel** benutzt werden muss.

a) I ragazzi sono in ________ camera ________. (loro)

b) ________ casa ________ non è grande. (mia)

c) Non è ________ colpa ________ se il treno arriva in ritardo. (tua)

d) Saluta tuo padre da ________ parte ________. (mia)

e) Per andare al mare abbiamo preso ________ macchina ________. (mia)

f) Leo non è mai stato a Londra in ________ vita ________. (sua)

g) Dopo lo spettacolo siamo andati a ________ casa ________. (sua)

76 ★★

Wem gehört ...? In den zwei Minidialogen werden die Besitzer eines Gegenstandes gesucht. Wählen Sie die jeweils passende Antwort.

a) È tuo questo libro?

☐ **A** No, non è tuo. ☐ **B** No, non è mio.

Di chi è, allora?

☐ **A** È di Claudia. ☐ **B** Il suo.

b) Di chi è questa borsa?

☐ **A** La mia. ☐ **B** È mia.

La mia dov'è, allora?

☐ **A** La tua è sotto il divano. ☐ **B** La mia è sotto il divano.

Die Demonstrativa (aggettivi e pronomi dimostrativi)

77 ★

Entscheiden Sie, welches die passende Form von **questo** ist.

a) Da dove vengono ____________ ciliegie?

b) ____________ vino mi piace molto.

c) È dolce ____________ uva?

d) Per me ____________ spiedini sono troppo salati.

e) ____________ arrosto è squisito.

f) È buona ____________ marmellata?

g) ____________ rossi mi piacciono di più.

h) Dov'è la tua valigia? È ____________?

questa
questo
quest'
questi
queste
quest'
questa
questi

78 ★

Schreiben Sie anstelle des Artikels die passende Form von **quello**.

a) il tovagliolo ________ tovagliolo
b) l'antipasto ________ antipasto
c) lo spumante ________ spumante
d) i coltelli ________ coltelli
e) gli zucchini ________ zucchini
f) la specialità ________ specialità
g) l'acqua ________ acqua
h) le posate ________ posate

79 ★

Vervollständigen Sie die Dialoge mit den passenden Formen von **quello**.

a) Scusi, quanto viene ________ impermeabile beige?

________ costa 150 euro.

b) Tu quale giacca preferisci, ________ blu o ________ rossa.

________ rossa mi piace molto di più.

c) Ti piacciono le gonne lunghe?

Non tanto, preferisco ________ corte.

d) Scusi, vorrei provare ________ vestito verde in vetrina.

Che taglia porta, signora?

La 44.

ABC

Nach der Kleidergröße fragen Sie mit dem Wort **la taglia**, bei der Schuhgröße hingegen müssen Sie **il numero** benutzen.

Achten Sie bei der Kleidergröße auf die unterschiedlichen Angaben: In der Regel entspricht z. B. eine deutsche 38 in Italien einer 42, manchmal auch einer 44.

Die Indefinita (aggettivi e pronomi indefiniti)

80 ★

Welche Sätze passen zusammen? Ordnen Sie zu. Achten Sie dabei auf die Endungen von **poco**, **molto**, **tanto** und **troppo**.

a) Tu fai ginnastica, vero? ___ **A** Certo, e anche molte.

b) Vedo che ti piacciono i gioielli. ___ **B** Anch'io. Infatti ne ho tante.

c) Io vado pazza per le borsette. ___ **C** Grazie, ma non molto.

d) Avete delle foto delle vacanze? ___ **D** Sì, ne ho tanti.

e) Prendi un po' di vino? ___ **E** Certo, e non poca.

81 ★

Ergänzen Sie die Endungen von **poco**, **molto**, **tanto** und **troppo**.

a) Per i suoi 50 anni, papà ha invitato tant___ gente.

b) Se c'è poc___ neve, andiamo a vedere il Carnevale d'Ivrea.

c) Da noi in estate ci sono sempre molt___ turisti.

d) A Pasqua preferisco rimanere a casa; c'è tropp___ traffico sulle strade.

e) A Natale ricevo sempre tant___ regali.

f) Da noi a Ferragosto solo poc___ negozi sono aperti.

Ivrea, eine Kleinstadt im Nordwesten Turins, hat einen sehr traditionsreichen **carnevale**. Touristischer Höhepunkt der drei ausgelassenen Tage ist **la battaglia delle arance**, eine Orangenschlacht, bei der sich die Feiernden auf den vorbeifahrenden Wagen und die Gruppen auf der Straße gegenseitig mit Orangen bewerfen. Zur Information: Es handelt sich bei den Orangen um Ausschussware!

82 ★★

Bei drei der folgenden Sätze kann **tutto + Artikel** mit **ogni** ersetzt werden. Schreiben Sie die entsprechenden markierten Satzteile um.

a) Mi alzo **tutte le mattine** alle sei. *ogni mattina*

b) Lavoro **tutti i giorni** fino alle cinque. ______

c) Devo ancora rispondere a **tutte le mail**. ______

d) Ho invitato **tutte le colleghe** a venire a cena da me. ______

e) Mi piace stare **tutta la domenica** tranquilla in casa. ______

f) Ho mangiato **tutti i cioccolatini** che mi hai regalato. ______

g) Ieri sono stata **tutto il giorno** in piscina. ______

h) Non mi piace uscire **tutte le sere**. ______

83 ★★

Übersetzen Sie. Benutzen Sie dabei **tutto + Artikel**.

a) jeden Samstag ______

b) das ganze Obst ______

c) alle Freundinnen ______

d) jeden Monat ______

e) das ganze Jahr ______

f) alle Briefe ______

84 ★★★

Ergänzen Sie die Endungen von **tutto**.

a) Quando mi ha visto, Sabrina è diventata tutt___ rossa.

b) Siamo usciti senza ombrello e ora siamo tutt___ bagnati.

c) Le nostre figlie sono tutt___ contente perché stasera noi usciamo.

85 ★★

Vervollständigen Sie die Sätze mit der passenden Form von **nessuno**.

a) Nel tuo compito non c'è ______________ errore.

b) ______________ scrittore mi affascina tanto quanto Brecht.

c) Per i regali di Natale non ho ancora ______________ idea.

d) Per il momento non abbiamo ancora ______________ problema.

e) Finora ______________ psicologo ha saputo aiutare Gianni.

f) Oggi non c'è stata ______________ telefonata per te.

g) ______________ ha saputo rispondere alla domanda.

h) Non c'era ______________ e allora sono rientrato a casa.

86 ★★

Übersetzen Sie die in Klammern angegebenen Elemente mit **qualcosa di**, **niente di** oder **qualcosa da**, **niente da**.

a) Hai visto ______________________ *(etwas Schönes)* alla tivù?

b) Oggi non ho ______________________ *(nichts zu tun)*.

c) Mangerei volentieri ______________________ *(etwas Leichtes)*.

d) Luigi ha preparato ______________________ *(etwas zu essen)*.

e) Per domani non ho ______________________ *(nichts anzuziehen)*.

f) Cerco ______________________ *(etwas Elegantes)* per una festa.

g) Al cinema non c'è ______________________ *(nichts Interessantes)*.

h) Le posso offrire ______________________ *(etwas zu trinken)*?

i) La serata non è stata ______________________ *(nichts Besonderes)*.

87 ★★

Wandeln Sie die Sätze mit **alcuni/alcune** oder **qualche** um.

a) Qualche giorno fa, in ufficio, si è rotta la fotocopiatrice.

Alcuni giorni fa, in ufficio, si è rotta la fotocopiatrice.

b) Ho qualche problema con il computer.

c) Con alcune colleghe vado molto d'accordo.

d) Stasera esco con alcuni colleghi.

e) Qualche volta mi porto a casa del lavoro.

f) Prima della pausa pranzo ho fatto alcune telefonate.

g) Ieri sono andata ad un concerto con alcuni clienti.

h) Da alcune settimane la ditta ha problemi con i fornitori.

In den Großstädten kann nicht jeder Arbeitnehmer die Mittagspause zu Hause verbringen. Die meisten **bar**, **self service** und **tavole calde** (*Cafés, die warme Speisen anbieten*) der Innenstädte haben sich der Situation angepasst und bieten einen Mittagstisch an. In den letzten Jahren aber ist die Zahl jener gewachsen, die aus Kostengründen lieber im Büro eine Kleinigkeit zu sich nehmen.

Das Präsens

88 ★

In welche Spalte passen folgende Verbformen? Ordnen Sie zu.

abito • sentite • offrono • vediamo • ascolti • dorme • rispondo • prendete • parlano • vive • salutate • finisci • metti • guarda • parto

a) Verben auf **-are**	b) Verben auf **-ere**	c) Verben auf **-ire**

89 ★

Tragen Sie die passende Form der angegebenen Verben auf **-ire** ein.

a) A che ora ____________ (finire) il film?

b) Quando ____________ (aprire) il negozio?

c) Quando piove ____________ (io - preferire) stare a casa.

d) La domenica ____________ (io - dormire) tanto.

e) Sabato prossimo ____________ (noi - partire) per il Canada.

f) Io e Mario ____________ (preferire) il mare alla montagna.

g) Roberta, tu ____________ (capire) lo spagnolo?

h) Giulio, ____________ (tu - aprire) la finestra, per favore?

90 ★

Wie lauten die Formen der angegebenen Verben? Denken Sie daran, dass sie im **Präsens** eine Besonderheit aufweisen.

	tu	noi	loro
a) studiare			
b) sciare			
c) pagare			
d) giocare			
e) conoscere			
f) leggere			

Die meisten Verben auf **-iare** werden wie **studiare** konjugiert. Bei einigen Verben auf **-iare** fällt die Betonung der konjugierten Form auf das **-i** des Verbstamms wie bei **sciare**. Diese Verben haben in der 2. Person Einzahl zwei **-ii**: **scịo**, **scịi**, **scịa** usw.

Bei den Verben auf **-(s)cere** wie **conoscere** und **-gere** wie **leggere** ändert sich nicht das Schriftbild, sondern die Aussprache bei der 1. Person Einzahl und bei der 3. Person Mehrzahl: **sc** in **conosco** wie in *Skat* und **g** in **leggono** wie in *Gorilla*.

91 ★

In der Wortschlange finden Sie die konjugierten Formen von **essere** und **avere**. Vervollständigen Sie damit die Sätze. Vier Formen bleiben übrig.

HAIAVETESEIHANNOSONOSONOHASIAMOABBIAMOÈSIETEHO

a) Quanti anni ________ tuo fratello?

b) Anche voi ________ stanchi?

c) Rosa e Pia ________ di Verona.

d) Io e Carlo ________ due figli.

e) Anche tu ________ qui per lavoro?

f) Voi quanti figli ________?

g) I nonni ________ una casa al mare.

h) Io oggi ________ a Venezia.

92 ★

Essere oder **Esserci**? Wählen Sie die richtige Form.

a) Oggi che cosa è/c'è da mangiare?
b) Come primo ci sono/sono le lasagne.
c) Le chiavi sono/ci sono sul tavolo.
d) Che cosa è/c'è al cinema stasera?
e) Nel parco è/c'è una fontana.
f) La farmacia è/c'è in via Roma.
g) Chi è/c'è quel signore anziano?
h) Ci sono/Sono tanti studenti.

93 ★

Ergänzen Sie das Kreuzworträtsel, indem Sie die **Präsensformen** der unten angegebenen Verben schreiben.

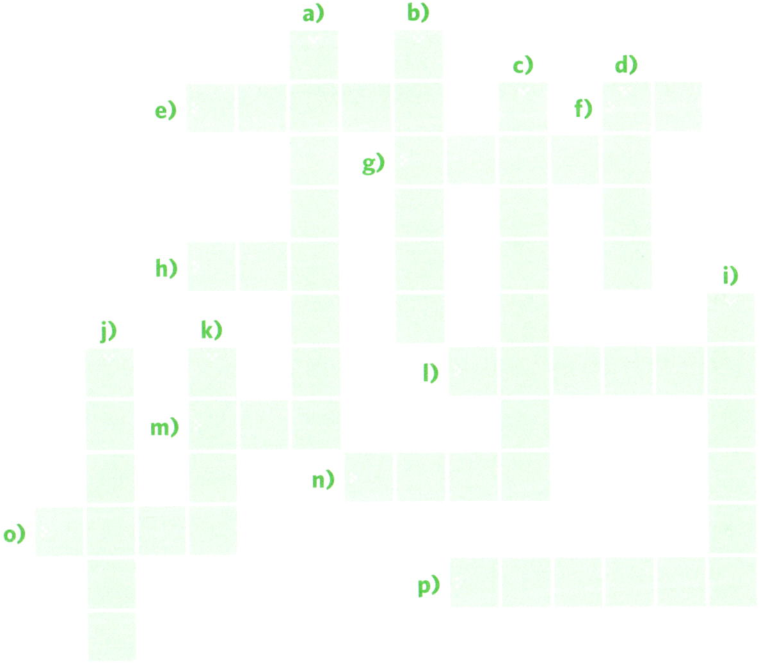

a) fare, noi
b) bere, voi
c) dovere, noi
d) doverc, lui
e) stare, voi
f) dare, lui
g) volere, lui
h) dare, tu
i) volere, io
j) uscire, voi
k) uscire, lui
l) fare, io
m) stare, io
n) dire, io
o) dire, voi
p) bere, loro

94 ★

Andare oder **venire**? Wählen Sie zwischen den beiden Verben aus und schreiben Sie die passende Form auf.

a) Noi ________ al mare, ________ anche tu? - No, io ________ in centro.

b) Io ________ a casa, tu che cosa fai? - Io invece ________ al bar.

c) Che cosa fa Mario, ________ con noi? - Sì, ma ________ più tardi.

d) ________ anche gli zii, domenica? - No, loro purtroppo non ________.

e) ________ (voi) da noi, quest'estate? - No, quest'estate ________ a Pisa.

f) ________ (voi) in spiaggia? - Sì, ________ anche noi.

95 ★

Finden Sie in der Wortschlange einige Formen von **potere** und **sapere** und vervollständigen Sie damit die Sätze.

SAPPIAMOPOSSOSOSAIPUÒPOTETESOSANNOSAPUOI

a) Maria e Sandro ____________ ballare molto bene il tango.

b) Scusa, ma non ____________ venire con te in piscina, ho mal di gola.

c) Sentite, mi ____________ aiutare a spostare questo mobile, per favore?

d) Carlotta ____________ l'inglese e lo spagnolo.

e) Senti, se non ____________ nuotare, perché non fai un corso di nuoto?

f) Per il compleanno di Luca ____________ fare un dolce anche tu?

g) Io non ____________ usare il computer, dovrei fare un corso.

h) Enrico oggi non ____________ venire al corso, ha molto lavoro.

i) Purtroppo noi non ____________ a che ora inizia lo spettacolo.

96 ★

Was gefällt Ihnen, was hingegen nicht? Bilden Sie Sätze, indem Sie statt des Smileys das Verb **piacere** in der 3. Person Einzahl bzw. Mehrzahl benutzen.

a) ☺ l'estate, ma ☹ l'inverno

Mi piace l'estate, ma non ______________________________

b) ☺ la cucina italiana, ma ☹ gnocchi

____

c) ☺ lo sport, ma ☹ il jogging e il tennis

____

d) ☺ la verdura, ma ☹ gli spinaci

____

e) ☺ i balli sudamericani, ma ☹ la salsa

____

97 ★★

Schreiben Sie mit den Buchstaben je zwei Formen der angegebenen Verben.

a) tenere: GTNOE *tengo (io)* ______, EIETN ______

b) rimanere: MRNNGAOOI ______, AIERNM ______

c) spegnere: PTNGSEEE ______, GNSPOE ______

d) produrre: RCDPNOUOO ______, EUODRPC ______

e) proporre: OORNGPPO ______, IOORNPP ______

f) scegliere: CLMGSIAEO ______, LGCSNOOE ______

g) salire: AOONGLS ______, LASE ______

98 ★★

Welches Verb passt jeweils? Konjugieren Sie es.

a) La nostra ditta __________ cucine classiche e moderne.

b) Quando uscite __________ la luce, per favore.

c) Mio figlio __________ il cellulare acceso anche di notte.

d) Conosci quel signore che __________ lentamente le scale?

e) Di solito i clienti __________ il prodotto più economico.

f) Per sabato io vi __________ di andare all'opera.

g) I bambini __________ in montagna tutta l'estate con i nonni.

spegnere
salire
rimanere
produrre
proporre
scegliere
tenere

99 ★★★

Wählen Sie die passende Wiedergabe des Verbs *brauchen* aus.

a) **Ti servono/Hai bisogno di** una mano per preparare la cena?

b) Quante patate **ti serve/ci vogliono** per fare un chilo di gnocchi?

c) Quanto tempo **impiega/ci vuole** il sugo a cuocere?

d) Nel sugo **ci vuole/ho bisogno di** ancora un po' di sale.

e) Per tagliare l'arrosto **mi serve/ci metto** un altro coltello.

f) Carla, quanto tempo **ci vuole/ci vogliono** per preparare la torta di mele?

g) Per il dessert **mi servono/impiego** altri piatti.

h) Senti, ti aiuto a lavare i piatti, da sola **impieghi/ti serve** troppo tempo.

!

Wenn ***brauchen*** sich auf eine Zeitdauer bezieht, stehen beim persönlichen Gebrauch **metterci (ci metto, ci metti** usw.) und **impiegare (impiego, impieghi** usw.) zur Verfügung. **Ci vuole/Ci vogliono** hingegen bedeuten *man braucht*. **Ci vuole/Ci vogliono** sind die einzigen Verbformen, die für *man braucht* in jedem Zusammenhang benutzt werden können.

100

★★★

Vervollständigen Sie die Konjugation von **farcela**, **prendersela** und **andarsene**.

~~me ne~~ • va • ce ne • andate • se ne • se la • te ne • se la • prendete • prendi • me la • ce la • fanno • faccio • facciamo • ce la • fa • ce la

	a) andarsene	**b)** prendersela	**c)** farcela
io	*me ne* vado	_______ prendo	ce la _______
tu	_______ vai	te la _______	_______ fai
lui/lei	se ne _______	_______ prende	ce la _______
noi	_______ andiamo	_______ prendiamo	ce la _______
voi	ve ne _______	ve la _______	_______ fate
loro	_______ vanno	_______ prendono	ce la _______

Weitere häufig benutzte Verben mit zwei Pronomen sind z. B.: **fregarsene di** (*pfeifen auf*), **sentirsela** (*sich imstande fühlen, Lust haben*) und **cavarsela** (*zurechtkommen*).

101

★★★

Welches Verb aus Übung 100 passt jeweils? Ergänzen Sie.

a) Sono già le due. Ormai non _______ (io) più a prendere il treno.

b) Lea ha un carattere difficile. _______ (lei) per ogni sciocchezza.

c) Luca arriva, mangia e _______ (lui), senza mai dire una parola.

d) Ti aiuto a imbiancare la stanza, da sola non _______ (tu).

e) Che noia questa festa, appena posso _______ (io).

f) Perché _______ (tu) se il dottor Vinci non li saluta?

Das Passato prossimo

102 ★

Welcher Person bzw. welchen Personen können folgende Aussagen zugeordnet werden? Vier Aussagen können Sie zweimal zuordnen.

a) Ho mangiato un panino. ______

b) Abbiamo nuotato nel lago. ______

c) Siamo partiti in macchina. ______

d) Abbiamo pranzato in centro. ______

e) Sono uscito con Mauro. ______

f) Sono andata dal medico. ______

g) Ho bevuto un caffè. ______

h) Siamo andate al cinema. ______

103 ★

Achtzehn **unregelmäßige Partizipien** verstecken sich in der Schlange. Schreiben Sie sie auf und geben Sie den jeweiligen Infinitiv an.

statodettofattolettomessoscrittovistovenutospeso
apertochiestorispostodecisodiscussomortonato
successorimasto

a) *stato essere, stare*

b) ______

c) ______

d) ______

e) ______

f) ______

g) ______

h) ______

i) ______

j) ______

k) ______

l) ______

m) ______

n) ______

o) ______

p) ______

q) ______

r) ______

104 ★

Schreiben Sie die Verben in Klammern ins **Passato prossimo**.

a) Sabato pomeriggio io e mia sorella ______________ (andare) in centro. **b)** Lei ______________ (andare) a vedere una mostra e io ______________ (fare) shopping.

c) Mio fratello ______________ (guardare) la partita con il suo amico Leo, poi ______________ (loro - andare) al bar dove ______________ (incontrare) i loro amici.

d) I miei genitori, invece, ______________ (rimanere) a casa e ______________ (lavorare) in giardino fino a tardi.

105 ★★

Setzen Sie die Verben in Klammern ins **Passato prossimo**. Achten Sie dabei auf den **Gebrauch** von **avere** und **essere**.

a) Io e Gino ______________ (comprare) una macchina. È bella, ma ______________ (costare) molto.

b) Ieri ______________ (io - fare) una gita in montagna. Purtroppo ______________ (piovere) tutto il giorno.

c) Io e i bambini ______________ (essere) due settimane al mare. Fortunatamente ______________ (fare) bel tempo tutti i giorni.

d) Lo spettacolo ______________ (durare) molto, ma ______________ (essere) bello lo stesso.

e) Per la gita ______________ (io - preparare) dieci panini, ma non ______________ (loro - bastare).

f) Carlo mi ______________ (dare) un ottimo consiglio; mi ______________ (servire) moltissimo.

g) Emilia ______________ (sciare) tutta la mattina, poi ______________ (andare) in piscina e ______________ (nuotare) un po'.

106 ★

Sie waren im Kino und sagen, was Ihnen gefallen hat, was hingegen nicht. Drücken Sie es mit dem Verb **piacere** und den folgenden Angaben aus.

a) ☺ la protagonista femminile, i dialoghi, i giovani attori

Mi è piaciuta ______________________

____

b) ☹ il protagonista maschile, la sala, le musiche

Non ______________________

____

107 ★★

Wie lauten die Verben folgender Sätze im Passato prossimo? Tipp: Je nach Ergänzung bilden sie das Passato prossimo mit **avere** oder mit **essere**.

a) Grazia, quando comincia il film? *è cominciato*

b) Quando terminano gli studi Elia e Mia? ______

c) La lezione di tedesco finisce alle otto. ______

d) Perché non cambi la password di Twitter? ______

e) Quando cominciate a preparare gli esami? ______

f) Con il pensionamento la vita cambia. ______

g) Quando inizia Marta a scrivere la tesi? ______

h) Fabio finisce di lavorare alle sette. ______

i) A che ora finisce lo spettacolo? ______

j) Con il matrimonio tante cose cambiano. ______

k) La storia inizia bene. ______

108 ★★★

Vervollständigen Sie das Passato prossimo von **andarsene**, **prendersela** und **farcela**.

a) Ci dispiace, ma non *ce l'abbiamo fatt* ______ ad arrivare prima.

b) Renzo è felice perché *ce l'* ______ *fatt* ______ senza difficoltà.

c) Hai visto che anche tu ______ *l'* ______ *fatt* ______?

d) Sandro *se l'è pres* ______, perché non l'ho invitato al mio compleanno.

e) Ieri *me la* ______ *pres* ______ con i miei studenti perché non avevano studiato.

f) Andrea, mi puoi dire perché ______ *la* ______ *pres* ______ con me?

g) Mario e Sabrina *se ne sono andat* ______ da tempo.

h) Simona, tu perché *te ne* ______ *andat* ______ tanto presto?

i) Ti ho aspettato un'ora, poi ______ *ne* ______ *andat* ______.

109 ★★

Formulieren Sie die Sätze um, indem Sie das jeweils angegebene **Modalverb** ins **Passato prossimo** setzen.

a) Ho venduto la macchina. (potere) *Ho potuto vendere la macchina.*

b) Nora è partita presto. (volere) ______

c) Donato è andato in ufficio. (dovere) ______

d) Avete incontrato Paola? (potere) ______

e) Non siamo andati in vacanza. (potere) ______

f) Sabato sera non sono uscita. (volere) ______

g) Abbiamo fatto benzina. (dovere) ______

h) Simona è venuta a piedi. (volere) ______

Das Imperfetto

110 ★ Ergänzen Sie die fehlenden Verbformen.

	a) giocare	b) avere	c) sentire
io	*giocavo*	______	______
tu	______	*avevi*	______
lui/lei	______	______	*sentiva*
noi	*giocavamo*	______	______
voi	______	*avevate*	______
loro	______	______	*sentivano*

Vergessen Sie nicht, dass in der 3. Person Mehrzahl die Betonung auf die drittletzte Silbe fällt: **giocạvano**, **avẹvano**, **sentịvano**, **preferịvano**, **spedịvano**. Sie können diese Betonung üben, indem Sie zuerst die 3. Person Einzahl eines Verbs sagen und gleich darauf die 3. Person Mehrzahl. Die Betonung bleibt dabei auf derselben Silbe:

giocạva → giocạvano, **avẹva → avẹvano**, **sentịva → sentịvano**, usw.

111 ★ Welche Satzteile passen zusammen? Ordnen Sie zu.

a) Io da bambina ___ **A** dormivate in tenda?
b) Giorgia, tu da piccola ___ **B** non seguivamo i consigli degli adulti.
c) Mia sorella maggiore ___ **C** mi spedivano dei biscotti.
d) Io e mio fratello ___ **D** preferivo il mare alla montagna.
e) Anche voi ___ **E** usciva ogni sera con gli amici.
f) Per il mio onomastico i nonni ___ **F** capivi il francese?

112 ★

Wenn Sie die Infinitive und die fehlenden Verbformen ergänzen, haben Sie eine Zusammenstellung der wichtigsten **Sonderformen des Imperfetto**.

Infinitiv	io	tu	lui/lei/Lei	noi	voi	loro
essere	*ero*	___	___	___	___	___
___	___	*bevevi*	___	___	___	___
___	___	___	*dava*	___	___	___
___	___	___	___	*dicevamo*	___	___
___	___	___	___	___	*facevate*	___
___	___	___	___	___	___	*stavano*

113 ★★

Das **Imperfetto** der Verben auf **-urre**, **-orre** und **-arre** ist unregelmäßig. Bilden Sie die Formen von **produrre**, **proporre** und **attrarre** wieder.

a) pro | no | ne | po | va

____

b) vi | pr | du | ce | o

____

c) at | ev | te | tra | a

____

d) du | pr | no | ce | o | va

____

e) e | at | a | tr | va

____

f) ne | o | vo | pr | po

____

g) va | tt | a | ra | no | e

____

h) n | o | te | ev | pr | a | po

____

i) e | uc | ro | p | vam | d | o

____

j) ev | opo | a | pr | n

____

114 ★

Im Folgenden schildert Patrizia, wie sie als Kind die Sommerferien verbrachte. Vervollständigen Sie den Text mit den Verben im **Imperfetto**.

a) Da bambina __________ (io - passare) gran parte dell'estate in campagna, in casa dei nonni. **b)** __________ (loro - avere) una bellissima casa con un grande giardino. **c)** A me __________ (piacere) molto giocare in quel giardino, dove mi __________ (potere) nascondere in mille posti e dove __________ (esserci) tante cose da scoprire. **d)** Mio nonno __________ (essere) veterinario e spesso mi __________ (lui - portare) con sé quando __________ (lui - andare) dai contadini. **e)** Per me __________ (essere) momenti molto emozionanti: __________ (io - vedere) animali che in città non vedevo mai e __________ (io - potere) giocare con i gatti e i cani. **f)** Mi __________ (piacere) anche salire sugli alberi e cogliere pesche, prugne e albicocche ... insomma, per me __________ (essere) il paradiso.

115 ★

Vor 50 Jahren war einiges anders. Ergänzen Sie das passende Verb und konjugieren Sie es im **Imperfetto**.

essere | viaggiare | parlare | pagare | ballare | esistere | costare

50 anni fa ...

a) ... i cellulari non __________.

b) ... la televisione __________ in bianco e nero.

c) ... la gente __________ di meno.

d) ... i voli in aereo __________ di più.

e) ... in Italia si __________ con le lire.

f) ... i giovani __________ il twist.

g) ... non si __________ di ecologia.

116 ★★

Wie haben Lea, Daniele und Rita den Sonntag verbracht? Lesen Sie, was Lea erzählt und verbinden Sie die zusammenpassenden Satzteile.

a) Domenica faceva bel tempo e

b) Giulio è rimasto a casa,

c) In spiaggia c'era già tanta gente e

d) Rita con noi si annoiava e allora

e) All'una Daniele e Rita avevano appetito

f) Io ho preferito stare in spiaggia,

g) Verso le tre il cielo si è coperto

__ **A** è andata a giocare con gli altri bambini.

__ **B** e quindi siamo tornati a casa.

__ **C** perché non avevo appetito.

__ **D** perché doveva studiare.

__ **E** non è stato facile trovare un posto tranquillo.

__ **F** abbiamo deciso di andare al mare.

__ **G** e sono andati in trattoria.

117 ★★

Wo muss **volere** im **Passato prossimo** stehen, wo im **Imperfetto**?

a) Allora, andiamo al cinema stasera?

Veramente stasera io non ______________ uscire.

b) Anche voi avete portato le biciclette al mare?

Purtroppo no. Io ______________ portarle, Rosa invece non ______________.

c) Noi domani facciamo una gita in montagna, perché non venite con noi?

Veramente noi domani ______________ andare al mercatino dell'usato.

d) Scusi, io ______________ sapere quando parte il traghetto per Olbia.

La prossima partenza è alle 14.45.

118 ★★

Gino hatte letzte Woche Pech. Bringen Sie die Elemente seiner Erzählung in die richtige Reihenfolge. Setzen Sie dann die Verben in die jeweils passende Form des **Imperfetto** und **Passato prossimo**.

a) mentre | fare jogging | Domenica | Franca | uomo | un altro | vedere | con

Domenica, mentre facevo jogging, ho visto Franca con un altro uomo.

b) mattina | andare | Lunedì | al lavoro | mentre | benzina | rimanere | senza

c) correre | Martedì | mentre | il tram | per prendere | il portafoglio | perdere

d) fare ginnastica | Mercoledì | mentre | alla | schiena | farsi male

e) scendere | Giovedì | le scale | mentre | rompere l'orologio | cadere e

f) a piedi | mentre | Venerdì | tornare a casa | piovere forte | cominciare a

g) un po' | Sabato | riposare | mentre | la batteria | a suonare | il vicino | iniziare

h) mentre | guardare | Sabato sera | la tivù | un blackout | esserci

Wenn die Handlungen des Haupt- und Nebensatzes parallel verlaufen, steht im Hauptsatz nicht das **Passato prossimo** wie in Übung 118, sondern das **Imperfetto**:

Ieri, mentre andavo al lavoro, ascoltavo la radio. (*Während ich gestern zur Arbeit fuhr, hörte ich Radio.*).

119

★★★

Passato prossimo oder **Imperfetto**? Vervollständigen Sie mit der jeweils passenden Zeit von **avere**, **conoscere** oder **sapere**.

a) In Germania non ____________ *(ich kannte)* nessuno.

b) ____________ *(Ich habe kennengelernt)* tanta gente.

c) ____________ *(Wir haben erfahren)* che vi siete sposati.

d) Non ____________ *(wir wussten)* assolutamente niente.

e) Quando ho visto il serpente, ____________ *(ich bekam)* paura.

f) Mia figlia ____________ *(hatte)* paura dei serpenti.

120

★★

Passato prossimo oder **Imperfetto**? Entscheiden Sie.

a) **Conoscevo/Ho conosciuto** Wanda nel 1956. **b)** Allora **lavoravamo/abbiamo lavorato** entrambi presso un quotidiano che ora non esiste più. **c)** Io **facevo/ho fatto** il traduttore, Wanda **lavorava/ha lavorato** come segretaria. **d)** Ricordo benissimo il giorno in cui **vedevo/ho visto** Wanda per la prima volta. **e)** **Era/ È stato** un bellissimo giorno di giugno, **faceva/ha fatto** già molto caldo. **f)** Quel giorno avevo tradotto un articolo e lo **dovevo/ho dovuto** far scrivere a macchina. **g)** Quando **entravo/sono entrato** nell'ufficio delle segretarie, dietro a una delle scrivanie **c'era/c'è stata** una ragazza nuova. **h)** **Era/È stata** bellissima, **sembrava/è sembrata** un'attrice del cinema. **i)** Quando lei **si accorgeva/si è accorta** che la **guardavo/ho guardata**, **arrossiva/è arrossita** e **continuava/ha continuato** a lavorare. **j)** Il giorno dopo l' **invitavo/ho invitata** al cinema. **k)** Lei **accettava/ha accettato** subito e così **cominciavamo/abbiamo cominciato** a uscire insieme. **l)** **Ci fidanzavamo/Ci siamo fidanzati** tre mesi dopo il nostro primo incontro e nella primavera del 1957 **ci sposavamo/ci siamo sposati**.

Das Passato remoto

121 ★★★

Tragen Sie die **regelmäßigen Formen** des Passato remoto in die Tabelle ein. Für drei Personen gibt es zwei Verbformen.

~~andai~~ ▪ dovesti ▪ finì ▪ dovettero ▪ finimmo ▪ dovei ▪ finii ▪ andò ▪ dovetti ▪ finiste ▪ andarono ▪ ~~dovette~~ ▪ andasti ▪ ~~dové~~ ▪ andammo ▪ doveste ▪ andaste ▪ finisti ▪ dovemmo ▪ ~~finirono~~ ▪ doverono

	a) andare	b) dovere	c) finire
io	*andai*		
tu			
lui/lei/Lei		*dové/dovette*	
noi			
voi			
loro			*finirono*

122 ★★★

Wählen Sie die jeweils passende Form von **avere** und **essere**.

a) Purtroppo non **fu/fosti/fui** possibile aiutare le vittime.

b) Quando vide il gorilla, Emma **ebbi/ebbe/aveste** molta paura.

c) I miei nonni non **aveste/avemmo/ebbero** molta fortuna nella loro vita.

d) Quando nacque la nostra prima figlia, **fummo/fosti/furono** felicissimi.

e) Durante quel viaggio **ci furono/fu/foste** molti problemi con la macchina.

f) Io e mia sorella non **ebbero/avemmo/aveste** difficoltà a imparare l'inglese.

g) Quando feci il primo concerto, **avesti/ebbi/ebbe** molto successo.

123 ★★★

Aus welchen **unregelmäßigen Verbformen** besteht die Wortschlange? Ordnen Sie sie den Infinitiven zu und geben Sie jeweils die Person an.

crebbefeceroris posipiacquepiovvevinseroseppi dissenacquesuccesserovennidiededecisistettero conobbevollero

- **a)** venire ______
- **b)** fare ______
- **c)** dire ______
- **d)** stare ______
- **e)** dare ______
- **f)** nascere ______
- **g)** piacere ______
- **h)** volere ______
- **i)** rispondere ______
- **j)** conoscere ______
- **k)** decidere ______
- **l)** crescere ______
- **m)** succedere ______
- **n)** vincere ______
- **o)** piovere ______
- **p)** sapere ______

124 ★★★

Entscheiden Sie zwischen dem **Imperfetto** und dem **Passato remoto**.

a) Mario Valentino, lo stilista napoletano famoso per le sue scarpe – **era/fu** lui l'inventore dei tacchi a spillo – **nasceva/nacque** nel 1928. **b)** Già da ragazzo **frequentava/frequentò** il negozio del padre che **faceva/fece** le scarpe più belle di Napoli. **c)** Nel 1953 sua madre gli **dava/diede** 300 mila lire e con queste Mario **si metteva/si mise** in proprio. **d)** Un anno dopo, a Roma, **presentava/presentò** un sandalo di corallo che **finiva/finì** al Museo della Calzatura. **e)** Il sandalo **era/fu** l'inizio del suo successo mondiale. **f)** Gli americani gli **proponevano/proposero** di stabilirsi in America, ma lui **preferiva/preferì** la sua Napoli. **g)** Da lì **costruiva/costruì** il suo impero finanziario. **h)** Mario Valentino **moriva/morì** nel 1991 all'età di 63 anni.

Das Trapassato prossimo

125 ★★★

Vervollständigen Sie die Aussagen der abgebildeten Personen mit der jeweils passenden Endung des Partizips Perfekt.

a) Avevo mangiat___ poco.

b) Ero rimast___ a casa.

c) Ero andat___ da una mia amica.

d) Avevo ricevut___ un bel regalo.

e) Avevamo giocat___ molto.

f) Non eravamo uscit___.

g) Avevamo cors___ nel parco.

h) Ci eravamo divertit___ tanto.

126 ★★★

Ergänzen Sie das jeweils passende Verb im **Trapassato prossimo.**

trovare • perdere • partire • ballare • uscire • parlare • prenotare

a) Quando Grazia è arrivata al porto, il traghetto ______________.

b) I nonni sono emigrati, perché non ______________ lavoro nel loro paese.

c) Sono andata a vedere il film di cui tu mi ______________ tanto.

d) Marisa ha ritrovato l'anello che ______________ tempo fa.

e) Non ______________ i posti sul treno e abbiamo fatto il viaggio in piedi.

f) Eravamo tutti stanchi, perché ______________ fino a tardi.

g) Mia figlia ha preso il raffreddore, perché ______________ senza cappotto.

127 ★★★

Setzen Sie bei Linos Erzählung die passenden Verbformen ein. Verwenden Sie das **Passato prossimo**, das **Imperfetto** oder das **Trapassato prossimo**.

(a) _Facevo_ (fare) la coda al supermercato. **(b)** Alla cassa ________ (accorgersi) che non ________ (avere) il portafoglio. **(c)** Probabilmente lo ________ (dimenticare) a casa. **(d)** ________ (lasciare) il carrello e ________ (correre) a casa. **(e)** Ma dove ________ (essere) le chiavi di casa? **(f)** Dove le ________ (mettere)? **(g)** Forse le ________ (perdere) per strada? **(h)** ________ (tornare) indietro, ________ (fare) lo stesso percorso, ma le chiavi non ________ (esserci). **(i)** In quel momento ________ (svegliarsi); ________ (fare) un brutto sogno.

Das Futur I (futuro semplice)

128 ★

Tragen Sie die Verbformen in die jeweils passende Spalte ein und geben Sie die Person an.

troverai • sentirete • metterà • succederanno • preparerò • usciremo • risponderai • finirà • suonerete • cambieranno • capirò • riceverete • scriveremo • porterà • preferiranno

a) Verben auf **-are**	b) Verben auf **-ere**	c) Verben auf **-ire**

129 ★

Lösen Sie das Kreuzworträtsel mit den Formen des **Futur I**.

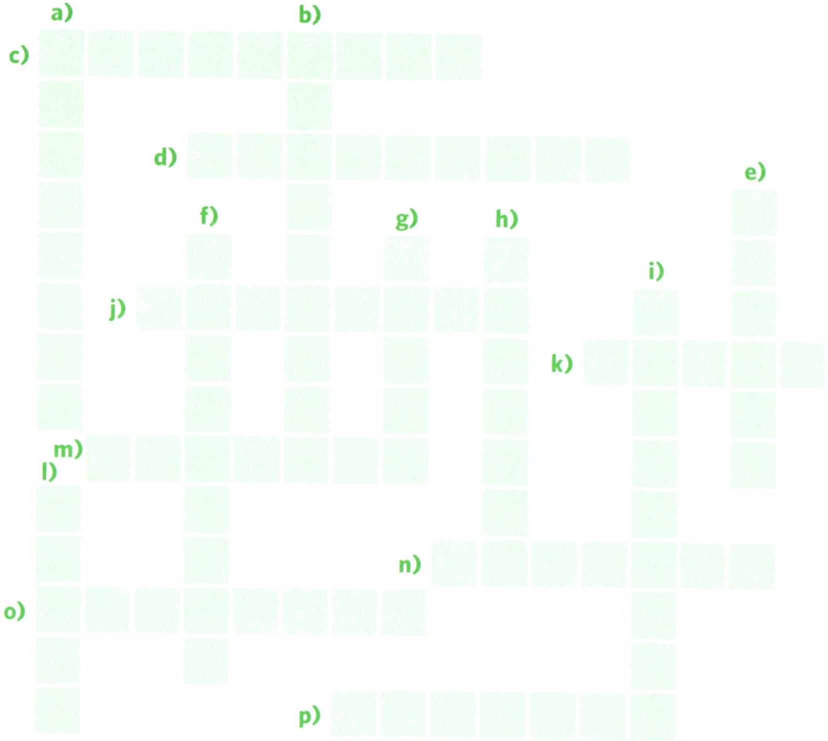

a) mancare (io)
b) rimanere (voi)
c) mangiare (noi)
d) cominciare (io)
e) venire (tu)
f) navigare (lei)
g) andare (lui)
h) volere (noi)
i) cercare (tu)
j) sapere (loro)
k) tenere (io)
l) vedere (io)
m) pagare (lei)
n) potere (voi)
o) dovere (loro)
p) sciare (tu)

130 ★

Vervollständigen Sie die Sätze mit dem **Futur I**.

a) Un giorno ti ________________ (noi - dire) la verità.
b) Fra tre anni mio marito ________________ (essere) in pensione.
c) Non ti ________________ (io - dare) mai più un consiglio.
d) La prossima volta ________________ (voi - stare) attenti.

131 ★

Wandeln Sie das Präsens ins **Futur I** um.

a) Domani devo alzarmi presto. ______

b) Giovedì andiamo a un concerto. ______

c) Sabato è il compleanno di Elio. ______

d) Lunedì prossimo iniziano le vacanze. ______

e) Fra un mese partiamo per la Sicilia. ______

f) Carla si sposa l'anno prossimo. ______

Die unmittelbare Zukunft wird mit der Wendung **stare per** + Infinitiv ausgedrückt. **Stare** steht dann im Präsens: **Stiamo per partire.** (*Wir fahren gleich weg.*).

132 ★

Ordnen Sie zuerst die passenden Satzenden zu und drücken Sie danach mit den angegebenen Verben im **Futur I** eine Vermutung aus.

a) Quanti anni ___ A sarà quel signore accanto a Luisa?

b) Quanto tempo ___ B faranno i ragazzi a quest'ora?

c) Chi ___ C avrà la nuova direttrice?

d) Da quando ___ D ci vorrà ad arrivare in centro a piedi?

e) Che cosa ___ E mancherà Luigi dal lavoro?

a) ______ (avere) una cinquantina d'anni.

b) ______ (volerci) circa tre quarti d'ora.

c) ______ (essere) un parente, forse lo zio.

d) ______ (mancare) dall'inizio di novembre.

e) ______ (dormire) tranquilli.

Das Futur II (futuro anteriore)

133 ★★★

Ergänzen Sie die Endungen des Futur II.

a) Sandra avrà finit___ di lavorare e sarà uscit___.

b) Anche Carlo avrà finit___ di lavorare e sarà uscit___.

c) Non so se Emilia e Cinzia avranno finit___ di lavorare e saranno uscit___.

d) E Leo e Pino? Chissà se avranno finit___ di lavorare e saranno uscit___.

134 ★★★

Bilden Sie das **Futur II** der aufgeführten Verben.

a) (lei) andare *sarà andata*

b) (tu) telefonare ______________

c) (noi) scrivere ______________

d) (voi) spedire ______________

e) (io) offrire ______________

f) (lui) sposarsi ______________

g) (loro) bere ______________

h) (lei) partire ______________

135 ★★★

Warum sind die Leute heute so glücklich? Formulieren Sie mit dem passenden Verb und dem **Futur II** jeweils eine mögliche Vermutung.

a) Sabrina ______________ un buon voto in chimica.

b) Mia e Rocco ______________ di sposarsi.

c) Barbara ______________ la sua tesi di laurea.

d) Patrizia ______________ a vendere la macchina.

e) Maurizio ______________ per l'ennesima volta.

f) Michele ______________ un aumento dello stipendio.

riuscire
innamorarsi
ottenere
decidere
consegnare
avere

136 ★★★

Was wird in einem Jahr geschehen sein? Benutzen Sie das **Futur II**.

Fra un anno ...

a) ... laurearsi | nipote | mia ______

b) ... casa | noi | la | ristrutturare ______

c) ... chili | perdere | io | dieci ______

d) ... terza | la | figlia | nostra | nascere ______

e) ... lo | mio | finire | nipote | stage ______

f) ... amica | sposarsi | mia | la ______

137 ★★★

Welches Verb muss jeweils im **Futur I** stehen, welches im **Futur II**?

a) Non appena *avrò letto* (io - leggere) il libro te lo ______ (passare).

b) Luca ______ (partire) per il Canada non appena ______ (fare) la maturità.

c) Quando ______ (voi - arrivare), ______ (noi - già partire) per la Sardegna.

d) ______ (noi - andare) a fare una passeggiata non appena ______ (smettere) di piovere.

e) ______ (noi - essere) finalmente tranquilli quando i ragazzi ______ (sistemarsi).

ABC

Ragazzi/Ragazze wird nicht nur in der Bedeutung *Jungs/Mädchen* benutzt. Es ist auch eine lockere Anrede, wenn man sich an eine Gruppe Gleichgesinnter wendet.

Der Konditional I (condizionale presente)

138 ★

Welche Formen sind im Konditional? Welche im Futur? Ordnen Sie die Konditionalformen der passenden Spalte zu und geben Sie die Person an.

reagiresti • sentireste • metterebbe • succederanno • venderò • usciremmo • risponderai • preferirei • suonerete • cambierebbero • scriveresti • riceverei • scriveremo • porteremmo • capirebbe • venderemmo • visiterebbe • ballerò • leggerete • guarderei • abiteremo • mangerebbero • leggereste • piaceranno

a) Verben auf **-are**	b) Verben auf **-ere**	c) Verben auf **-ire**

Achten Sie bei der 1. Person Einzahl des Konditionals auf die Aussprache der Endung **-ei**. Sie sollte nicht wie die deutsche Buchstabenkombination *ei* in das *Ei* ausgesprochen werden, sonst wird aus dem Konditional der 1. Person (**farei** - *ich würde tun*) ein Futur der 2. Person (**farai** - *du wirst tun*).

139 ★

Schreiben Sie die angegebene Person des **Konditionals** auf.

a) dare (io) ____________ **d)** essere (noi) ____________

b) dire (tu) ____________ **e)** fare (voi) ____________

c) stare (lui) ____________ **f)** avere (loro) ____________

140 ★

Bilden Sie aus den Verbteilen je eine Form der aufgeführten Verben. Geben Sie das Pronomen mit an. Alle Verben weisen auf eine **Besonderheit** hin.

~~gioc-~~ ▪ ve- ▪ rim- ▪ comin- ▪ vi- ▪ pa- ▪ sa- ▪ sar-

-vrei ▪ -arrebbe ▪ -ei ▪ -cerebbero ▪ -gheremmo ▪ -dresti ▪ ~~-hereste~~ ▪ -presti

a) giocare: *giochereste (voi)*

b) essere: ______

c) pagare: ______

d) vivere: ______

e) sapere: ______

f) rimanere: ______

g) vedere: ______

h) cominciare: ______

141 ★

Seien Sie höflicher und zurückhaltender, indem Sie die folgenden Bitten, Vorschläge und Meinungen mit dem **Konditional** formulieren.

a) Mi puoi passare il pane? *Mi potresti passare il pane?*

b) Ragazzi, ci potete fare un favore? ______

c) Hai voglia di uscire stasera? ______

d) Ti consiglio di andare dal medico. ______

e) Mi aiuti a organizzare la festa? ______

f) Ti va di fare una passeggiata? ______

Zurückhaltung und Höflichkeit sind in Italien sehr wichtige Tugenden. Der Gebrauch des Präsens ohne den Zusatz von *bitte* (**per favore** oder **per piacere**) beim Äußern von Meinungen, Bitten und Vorschlägen ist daher eher zu meiden. Die Höflichkeit selbst kann im Übrigen gesteigert werden: **Mi passi il pane, per favore?** (*Reichst du mir bitte das Brot?*), **Mi puoi passare il pane, per favore?** (*Kannst du mir bitte das Brot reichen?*), **Mi potresti passare il pane, per favore?** (*Könntest du mir bitte das Brot reichen?*).

142 ★

Bei folgenden Wünschen müssen die Verben noch in die jeweils passende Form des **Konditionals** gesetzt werden.

a) Io e Stefano ________ (fare) volentieri un viaggio all'estero.

b) A Elsa ________ (piacere) riprendere lo studio del francese.

c) Franco ________ (imparare) volentieri a suonare il pianoforte.

d) Io e Nora ________ (venire) volentieri con voi in Inghilterra.

e) Nadia e Simone ________ (volere) abitare in centro.

f) Andrea ________ (cambiare) volentieri lavoro.

g) Io ________ (desiderare) avere più tempo libero.

Der Konditional II (condizionale passato)

143 ★★★

Welcher Person bzw. welchen Personen können folgende Aussagen zugeordnet werden? Fünf Aussagen können Sie zweimal zuordnen.

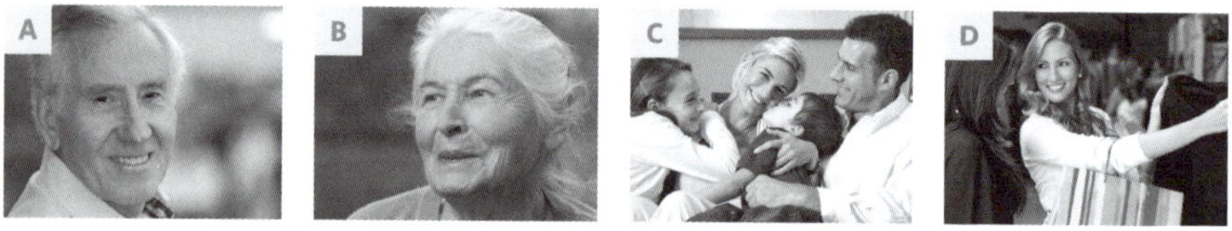

a) Avrei lavorato di meno. ____

b) Avremmo ascoltato la radio. ____

c) Saremmo uscite presto. ____

d) Avremmo guardato la tivù. ____

e) Mi sarei alzata presto. ____

f) Sarei andata dal medico. ____

g) Non sarei uscito. ____

h) Avrei letto il giornale. ____

i) Saremmo tornati tardi. ____

j) Ti avrei ascoltato. ____

144 ★★★

Welches sind die unerfüllten Wünsche dieser Leute? Vervollständigen Sie die Formen des **Konditionals II**.

a) A me _sarebbe_ piaciuto fare il medico.

b) Mia sorella ________ lavorat__ volentieri alcuni anni all'estero.

c) Io e mia moglie ________ rimast__ volentieri a Pisa.

d) Mio figlio ________ volut__ imparare il russo.

e) Mio padre ________ preferit__ andare in pensione più tardi.

f) A mia madre ________ piaciut__ avere almeno quattro figli.

g) Noi ________ comprat__ volentieri una casa in montagna.

h) I nonni ________ preferit__ rimanere nella loro casa in campagna.

i) Mia zia ________ desiderat__ laurearsi.

145 ★★★

Carlo und Giulia haben sich getrennt. Was hätten sie anders tun sollen? Ordnen Sie die Wörter zu einem Satz. Konjugieren Sie dabei die Verben.

a) me | sposarsi | Secondo | non | dovere

____

b) lasciare | lo | da | Carlo | tempo

____

c) mettersi | non | lo | mai | donna | una | come Giulia | con

____

d) separarmi | io | Prima di | andare | uno | da | psicologo di coppia

____

Der bejahte Imperativ

146 ★★

Wird die angesprochene Person geduzt (**tu**) oder gesiezt (**Lei**)? Geben Sie das entsprechende Pronomen und den Infinitiv an.

a) Scusa! *tu, scusare*
b) Entri pure! ______
c) Tenga pure! ______
d) Senta! ______
e) Apri pure! ______
f) Vieni qua! ______
g) Lasci stare! ______
h) Rilassati! ______
i) Rispondi, per favore! ______
j) Stai tranquilla! ______
k) Venga avanti! ______
l) Si calmi! ______
m) Tieni questo! ______
n) Prenda un tè! ______
o) Adesso però studia! ______
p) Mi creda! ______

147 ★★

Sie **siezen** Ihren Gesprächspartner. Mit welcher Verbform richten Sie folgende Aufforderungen an ihn? Wählen Sie aus.

a) **Sta'/Stia/Stiate** calmo!
b) **Dica/Di'/Dite** la verità!
c) **Abbi/Avete/Abbia** pazienza!
d) **Sappiate/Sappi/Sappia** che è vero!
e) **Faccia/Fa'/Fai** pure!
f) **Va'/Vada/Vai** piano!
g) Lo **date/da'/dia** a me!
h) **Sia/Siate/Sii** ragionevole!

Die Formen **sta'**, **fa'**, **va'** und **da'** sind Kurzformen des Imperativs der 2. Person Einzahl (**tu**). Daneben gibt es noch die Langformen **stai**, **fai**, **vai** und **dai**. Diese sind identisch mit der Verbform derselben Person im Präsens.

148 ★★

Folgende **Aufforderungen** richten sich an **mehrere Personen**. Schreiben Sie die entsprechenden Verbformen auf.

a) Emma, Rita, adesso ________________ (studiare)!

b) Ragazzi, ________________ (scusare) se vi disturbo!

c) Maria, Laura, ________________ (avere) pazienza!

d) Ragazze, ________________ (essere) contente di poter fare una pausa!

e) Signori, ________________ (sapere) che non mi offendo facilmente.

f) Marco, Alessia, ________________ (cercare) di non arrivare in ritardo!

Richten sich Befehle, Aufforderungen, Einladungen und Bitten an mehrere Personen, wird die 2. Person Mehrzahl (**voi**) benutzt. Dabei sind Imperativ und Indikativ Präsens gleich, außer bei **avere** (**abbiate!**), **essere** (**siate!**) und **sapere** (**sappiate!**).

Auch die 1. Person Mehrzahl hat eine Imperativform, z. B. **Andiamo!** (*Gehen wir!*).

Der verneinte Imperativ

149 ★★

Wie lauten die **Aufforderungen**, wenn Sie die Person siezen?

a) Non aspettare più di mezz'ora! ________________

b) Non venire, per favore! ________________

c) Non dimenticare niente! ________________

d) Non fare tante storie! ________________

e) Non dire niente! ________________

f) Non mangiare tanto! ________________

g) Non uscire, per piacere! ________________

150 ★★

Vervollständigen Sie die **Aufforderungen**, indem Sie die deutschen Angaben übersetzen.

a) ______________________ *(vergesst nicht)* di scrivere agli zii!

b) ______________________ *(bleiben wir nicht)* troppo a lungo al sole!

c) ______________________ *(kehrt nicht zurück)* a casa troppo tardi!

d) ______________________ *(trinkt nicht)* tanto vino!

e) ______________________ *(schlafen wir nicht)* tutta la mattina!

f) ______________________ *(raucht nicht)* tanto!

g) ______________________ *(gehen wir nicht)* in vacanza in agosto!

h) ______________________ *(esst nicht)* troppa cioccolata!

Der Imperativ mit Pronomen

151 ★★

Suchen Sie in der Wortschlange die Imperativformen und notieren Sie sie bei der zutreffenden Person. Achten Sie dabei auf die Pronomen.

aspettamiloprendaciaiutilicompridimmeloscrivicila
controllidammelimiascoltiaccomodatimuovitisirilassi
scrivimelolaprenotiringrazililospengacivadaprendine

a) TU:

____

____

b) LEI:

____

____

152 ★★

Vervollständigen Sie die Antworten mit der passenden Imperativform. Ersetzen Sie dabei die hervorgehobenen Satzteile.

a) Fai tu **la spesa**, oggi? — No, *falla* tu, per favore!

b) Vai tu **al supermercato**? — No, ______ tu!

c) Scrive Lei **la relazione**? — ______ Lei, per favore!

d) Si occupa Lei **della prenotazione**? — Per piacere, ______ Lei!

e) Lo dice Lei **ai colleghi**? — Guardi, ______ Lei!

f) Telefoni tu **alla professoressa**? — ______ tu, per favore!

g) Preparate voi **la cena** oggi? — No, ______ voi!

h) Prendiamo noi **i libri del nonno**? — D'accordo, ______ noi!

Die Regeln für die Stellung der Pronomen gelten auch für die Doppelpronomen: **Vattene!** (*Geh weg!*), **Non andartene!**, **Dammelo!** (*Gib es mir!*), **Me lo dia!**

153 ★★

Bei sechs Beispielen kann das Pronomen an anderer Stelle stehen.

- ☑ **A** Non ci aspettare! — *Non aspettarci!*
- ☐ **B** Non lo fare! — ______
- ☐ **C** Non lo dica! — ______
- ☐ **D** Non vi alzate troppo tardi! — ______
- ☐ **E** Non ci andiamo subito! — ______
- ☐ **F** Non si preoccupi! — ______
- ☐ **G** Non ti muovere! — ______
- ☐ **H** Non lo dite! — ______

Der Congiuntivo presente

154 ★★★

Drei der aufgeführten Verben stehen stellvertretend für die **regelmäßige Konjugation** des **Congiuntivo**. Schreiben Sie deren Verbformen auf.

potere • andare • uscire • salutare • essere • dormire • venire • volere • dire • fare • tenere • sapere • mettere • dovere • rimanere • proporre

	a) Verben auf **-are** wie: ______	b) Verben auf **-ere** wie: ______	c) Verben auf **-ire** wie: ______
io tu lui/lei/Lei	______	______	______
noi	______	______	______
voi	______	______	______
loro	______	______	______

155 ★★★

Tragen Sie die passende Form der angegebenen Verben auf **-ire** ein.

a) Pensi che il capo del personale ______ (capire) il tuo problema?

b) Credo che i colleghi ______ (riunirsi) fra un'ora.

c) Il capufficio vuole che ______ (noi - riunirsi) subito.

d) Immagino che anche voi ______ (preferire) fare una pausa.

e) Preferisco che tu ______ (spedire) la lettera per raccomandata.

f) È meglio che io ______ (chiarire) la questione dello stipendio.

156 ★★★

Lösen Sie das Kreuzworträtsel mit den Formen des **Congiuntivo presente**. Die Verben haben eine kleine **Besonderheit** oder sie sind **unregelmäßig**.

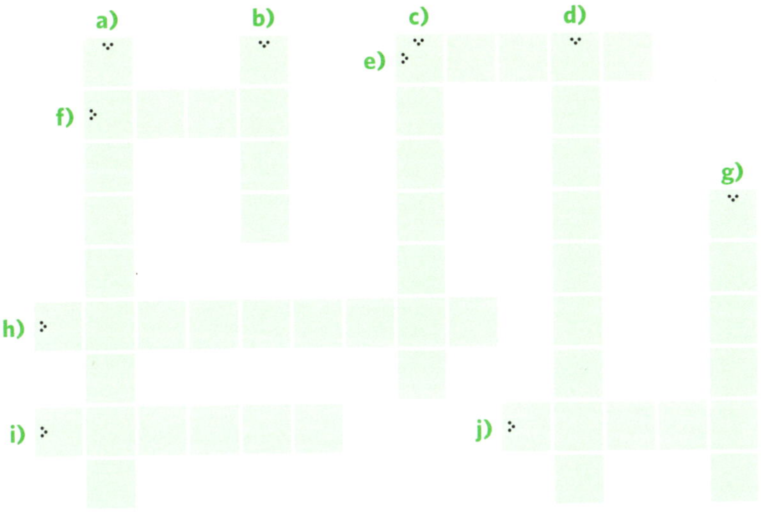

a) cercare (voi)
b) andare (tu)
c) pagare (loro)
d) scegliere (voi)
e) potere (io)
f) uscire (tu)
g) fare (lui/lei/Lei)
h) rimanere (loro)
i) stare (noi)
j) studiare (lui/lei/Lei)

157 ★★★

Setzen Sie die Verben in den **Congiuntivo**. Tipp: Es handelt sich um **unregelmäßige** Formen.

(a) I miei genitori non vogliono che io ______________ (dire) bugie, che ______________ (tenere) il cellulare acceso di notte, che ______________ (bere) alcol e che ______________ (salire) in macchina con uno sconosciuto. **(b)** Inoltre non vogliono che ______________ (io - rimanere) a lungo davanti al pc e che ______________ (andare) a letto tardi.

158 ★★★

Ordnen Sie die Formen mit den entsprechenden Pronomen dem jeweils passenden Infinitiv zu. Ihr **Congiuntivo** ist **nicht vom Präsens ableitbar**.

siano • sappia • diate • debba • stiate • abbia • sia • sappiate • abbiano • dobbiate • stiano • dia

a) avere: ______ ______

b) essere: ______ ______

c) dare: ______ ______

d) dovere: ______ ______

e) sapere: ______ ______

f) stare: ______ ______

159 ★★★

Welche aufgeführten Verben und Ausdrücke verlangen im Nebensatz den **Congiuntivo** (C), welche den **Indikativ** (I)

a) è necessario che C

b) sono contento che ___

c) confermo che ___

d) sono sicuro che ___

e) bisogna che ___

f) si sa che ___

g) mi auguro che ___

h) spero che ___

i) è meglio che ___

j) dubito che ___

k) mi sembra che ___

l) preferisco che ___

m) è vero che ___

n) non so se ___

o) non m'importa che ___

p) trovo che ___

q) dico che ___

r) ho paura che ___

160 ★★★

Indikativ oder **Congiuntivo**? Wählen Sie die richtige Verbform aus.

a) Mi dispiace che Carlo **debba/deve** lavorare proprio oggi.

b) Non penso che **puoi/tu possa** guidare; hai bevuto troppo.

c) Se sei stanca, è meglio che **rimani/tu rimanga** a casa.

d) Secondo me il film non **sia/è** adatto ai minorenni.

e) Speriamo che il giallo **è/sia** abbastanza accattivante.

f) Temo che Diego non ce la **fa/faccia** a laurearsi quest'anno.

g) Sappiamo che non ci **siano/sono** più camere libere.

h) Il medico dice che **debba/devo** mangiare meno carne.

Der Congiuntivo passato

161 ★★★

Welcher Person bzw. welchen Personen können folgende Sätze zugeordnet werden? Vier Sätze können Sie zweimal zuordnen.

Credo che...

a) ...abbia già pagato. ______

b) ...abbiano cenato alle otto. ______

c) ...siano uscite stasera. ______

d) ...abbiano bevuto del vino. ______

e) ...sia andata in centro. ______

f) ...sia appena arrivato. ______

g) ...abbia già visto il film. ______

h) ...siano già tornati. ______

162

★★★

Schreiben Sie die Reaktionen zu Ende.

a) Giovanni è partito in treno. Sono sorpreso *che sia partito in treno*.

b) Carla si è laureata. Siamo felici ______.

c) I bambini sono rimasti a casa. È bene ______.

d) Chissà se Pia ha fatto i compiti. Non so se ______.

e) Chissà se Gino è arrivato. Speriamo ______.

f) Piera e Lucio hanno divorziato. Peccato ______.

g) Silvia e Sandro hanno litigato. Ci dispiace ______.

h) Franca non è andata a Londra. Peccato ______.

i) Leo ha già compiuto vent'anni. È incredibile ______.

163

★★★

Congiuntivo passato oder **Passato prossimo**? Wählen Sie aus.

a) Siamo felici che **hai trovato/abbia trovato** un posto fisso.

b) Sono sicura che il vostro regalo **è piaciuto/sia piaciuto** molto a Rita.

c) Credi che i colleghi **abbiano sentito/hanno sentito** la buona notizia?

d) Sappiamo che il prezzo della benzina **sia aumentato/è aumentato** ancora.

e) Dubito che Elvira e Donato **sono andati/siano andati** ad abitare insieme.

f) L'insegnante dice che **hai lavorato/abbia lavorato** bene.

g) Speriamo che il concerto non **è già cominciato/sia già cominciato**.

h) Ci dispiace che non **siate venuti/siete venuti** alla festa.

i) Secondo me i ragazzi **hanno ballato/abbiano ballato** tutta la notte.

Der Congiuntivo imperfetto

164 ★★★

Andare, **avere** und **sentire** haben einen **regelmäßigen** Congiuntivo imperfetto. Ergänzen Sie die drei Konjugationen.

	a) Verben auf **-are**	b) Verben auf **-ere**	c) Verben auf **-ire**
io	*andassi*	______	______
tu	______	*avessi*	______
lui/lei/Lei	______	______	*sentisse*
noi	______	______	______
voi	______	______	______
loro	______	______	______

165 ★★★

Setzen Sie die Verbformen in den **Cogiuntivo imperfetto**.

a) parlavo *parlassi*

b) mettevi ______

c) apriva ______

d) uscivo ______

e) vedevi ______

f) cercavo ______

g) doveva ______

h) finivi ______

i) pagavo ______

j) voleva ______

k) aspettavamo ______

l) prendevano ______

m) offrivate ______

n) leggevano ______

o) sapevate ______

p) potevano ______

q) capivamo ______

r) seguivano ______

s) venivate ______

t) tenevano ______

166 ★★★

Suchen Sie waagerecht und senkrecht zehn Formen des **Congiuntivo imperfetto**. Notieren Sie sie mit dem Pronomen beim entsprechenden Verb.

F	O	S	S	I	M	O	A	B	C	D	S	E
A	F	D	G	H	I	L	M	N	O	P	T	Q
C	B	E	V	E	S	T	E	R	S	T	E	U
E	V	S	C	O	N	D	U	C	E	S	S	I
S	Z	S	X	D	I	C	E	S	S	E	S	I
S	A	I	B	C	D	E	F	G	L	M	I	N
E	P	R	O	P	O	N	E	S	S	I	M	Z
D	I	S	T	R	A	E	S	T	E	H	O	A
P	R	O	D	U	C	E	S	S	E	R	O	I

a) essere ______________

b) bere ______________

c) dare ______________

d) dire ______________

e) fare ______________

f) stare ______________

g) produrre ______________

h) proporre ______________

i) distrarre ______________

j) condurre ______________

167 ★★★

Vervollständigen Sie mit den Verben im **Congiuntivo imperfetto**.

a) Tutti pensavano che ______________ (voi - essere) ancora in vacanza.

b) Era necessario che gli studenti ______________ (stare) attenti.

c) Non sapevamo che ______________ (voi - produrre) mobili di lusso.

d) Il nostro vicino non voleva che gli ______________ (noi - dare) del Lei.

e) Si sperava che in Sardegna non ______________ (fare) troppo caldo.

168 ★★★

Imperfetto oder **Congiuntivo imperfetto**? Wählen Sie aus.

a) Non eravamo sicuri che il film **piaceva/piacesse** anche ai ragazzi.

b) Secondo il medico non **dovessi/dovevo** più prendere gli antibiotici.

c) Carlo desiderava che i figli **andassero/andavano** con lui alla partita.

d) Era necessario che tutti **capivano/capissero** il testo.

e) Il direttore diceva che non **era/fosse** necessario assumere altro personale.

f) Michele temeva che non **fossi/ero** contenta del mio nuovo lavoro.

g) Eravamo felici che la nonna **poteva/potesse** di nuovo camminare.

h) Gli amici ci auguravano che **trovassimo/trovavamo** un accordo con la banca.

Der Congiuntivo trapassato

169 ★★★

Vervollständigen Sie die Aussagen über die abgebildeten Personen mit der jeweils passenden Endung des Partizips Perfekt.

Pensavo che...

a) ...avesse lett___ il giornale.

b) ... si fosse ammalat___.

c) ...fosse arrivat___ in ritardo.

d) ...avesse già finit___ di lavorare.

e) ...avessero propost___ di uscire.

f) ...fossero venut___ a piedi.

g) ...si fossero divertit___.

h) ... non avessero salutat___.

170 ★★★

Tragen Sie die Verbformen in die jeweils passende Spalte ein.

fossi partito • abbia fatto • sia venuta • avessero discusso • aveste mangiato • fossimo partiti • siate arrivate • abbiamo nuotato • avessimo camminato • siano nati • ci fossimo divertiti • sia passata • abbiate finito • foste uscite • avessero cenato • mi sia annoiato

Congiuntivo passato: ______________________________

____

____

Congiuntivo trapassato: ______________________________

____

____

171 ★★★

Schreiben Sie die Reaktionen zu Ende.

a) Carlo era venuto in bicicletta.	Ero sorpresa *che fosse venuto in bicicletta*.
b) Rosa si era diplomata.	Eravamo felici ______________.
c) Mia e Lisa erano rimaste a casa.	Era bene ______________.
d) Marisa aveva già cenato.	Era giusto ______________.
e) Gino aveva studiato molto.	Era necessario ______________.
f) I ragazzi avevano litigato.	Ci dispiaceva ______________.
g) Lisa non aveva fatto lo stage.	Peccato ______________.
h) Luca aveva già finito gli studi.	Era incredibile ______________.
i) Gli zii erano partiti presto.	Ero delusa ______________.

172 ★★★

Vervollständigen Sie den **Congiuntivo trapassato** bzw. das **Trapassato prossimo** mit dem passenden Hilfsverb.

a) Eravamo sorpresi che i vicini non *fossero* partiti in vacanza.

b) Temevo che ____________ successo qualcosa ai ragazzi.

c) Non sapevamo che Giulia ____________ vissuto due anni in Francia.

d) Secondo me Pino non ____________ studiato abbastanza.

e) Il medico diceva che mia figlia ____________ avuto fortuna.

f) Dubitavamo che Sergio ____________ imparato bene l'inglese.

g) Non capivo perché lo spettacolo non ____________ piaciuto a Sergio.

h) Ci dispiaceva che gli zii non ____________ venuti al matrimonio.

!

Wenn Haupt- und Nebensatz dasselbe Subjekt haben, nimmt man anstelle des Nebensatzes mit dem **Congiuntivo** einen Infinitivsatz:
Sono/Ero contento di essere a casa. (*Ich bin/war froh, zu Hause zu sein*).
Lisa non vuole/voleva/aveva voluto andare a letto. (*Lisa will/wollte nicht ins Bett gehen*).

Die Zeitenfolge beim Congiuntivo

173 ★★★

Welches ist der passende Satzanfang? Ordnen Sie jeden dreimal zu.

a) Credo/Crederà/Non credere

b) Credeva/Ho creduto/Avevamo creduto

___ A che Anna arriverà.

___ B che Anna sarebbe arrivata.

___ C che Anna arrivasse.

___ D che Anna sia arrivata.

___ E che Anna fosse arrivata.

___ F che Anna arrivi.

174 ★★★

In welchen Beispielen ist das Verhältnis des Nebensatzes zum Hauptsatz **vorzeitig** (V), wo ist es **gleichzeitig** (G) und wo **nachzeitig** (N)?

a) V Credevo che gli ospiti fossero arrivati da tempo.

b) ___ Non so se i tuoi genitori saranno contenti di non vederti.

c) ___ Pensavo che avreste invitato anche i vicini.

d) ___ Siamo contenti che tutta la famiglia stia bene.

e) ___ Temevo che le bevande non bastassero.

f) ___ Peccato che Filippa abbia deciso di rimanere a casa.

g) ___ Speravo che si potesse mangiare in giardino.

h) ___ Non è giusto che Franco sia venuto alla festa senza di te.

Wenn der Hauptsatz im Präsens, Futur oder Imperativ ist, wird die Nachzeitigkeit des Nebensatzes auch mit dem **Congiuntivo presente** ausgedrückt:
Siamo felici che nostro figlio si sposi/si sposerà. (*Wir sind glücklich, dass unser Sohn heiraten wird.*).

175 ★★★

Wählen Sie die passenden Satzteile.

a) Penso che **l'anno prossimo/l'anno scorso** Rita andrà in pensione.

b) Credo che **ieri/oggi** la nonna stia bene.

c) Immagino che anche tu abbia ricevuto l'invito **tra due giorni/due giorni fa**.

d) È possibile che anche Maria andrà ad abitare da sola **un giorno/un giorno fa**.

e) Mi sembra che Franca abbia telefonato **qualche ora fa/tra qualche ora**.

f) Può darsi che **ieri/a quest'ora** la nonna dorma ancora.

g) Spero che **domani/ieri** arrivi finalmente la conferma dell'albergo.

176 ★★★

Setzen Sie die Sätze in die **Vergangenheit** um.

a) Gianni crede che sua moglie stia male.

Gianni credeva che sua moglie ____________________

b) Penso che i vicini siano usciti.

____

c) È improbabile che i miei genitori ritorneranno in Italia.

____

d) Temo che sia successo qualcosa a Marta.

____

e) Non credo che Mario partirà senza di te.

____

f) Credo che il navigatore sia indispensabile.

____

g) Non è sicuro che Elisa possa fare lo stage in Inghilterra.

____

h) È possibile che Giorgio abbia finito il lavoro.

____

Wenn Verben und Ausdrücke, die wie **volere**, **preferire**, **desiderare**, **è bene**, **è meglio** einen Wunsch ausdrücken, im Konditional stehen, dann steht im Nebensatz der **Congiuntivo imperfetto** bzw. der **Congiuntivo trapassato**:
Preferirei che rimanesse. (*Es wäre mir lieber, er/sie würde bleiben.*) / **Avrei preferito che fosse rimasto.** (*Es wäre mir lieber gewesen, er wäre geblieben.*).

Die reflexiven Verben

177 ★ Ordnen Sie die Reflexivpronomen den Verbformen zu.

~~mi~~ • si • ci • ti • si • vi • mi • si • vi • si • ti • ci

a) *mi* sveglio	**d)** ___ lavi	**g)** ___ mettete	**j)** ___ rilassa
b) ___ serviamo	**e)** ___ veste	**h)** ___ occupano	**k)** ___ divertite
c) ___ alzano	**f)** ___ chiami	**i)** ___ fermo	**l)** ___ annoiamo

178 ★ Schreiben Sie mit den Buchstaben die italienischen Entsprechungen.

a) DARDONESMTARI	___________	einschlafen
b) SORPISSA	___________	heiraten
c) CMAABRIE	___________	sich ändern
d) LRITGIAE	___________	sich streiten
e) FREASRMI	___________	anhalten
f) AZLIASR	___________	aufstehen
g) CIHAIMSAR	___________	heißen
h) AMSAMLIAR	___________	erkranken
i) SEGVLSIIAR	___________	aufwachen

! Wie Sie soeben feststellen konnten, sind einige wichtige Verben im Italienischen reflexiv, im Deutschen hingegen nicht. Andere wiederum sind im Deutschen reflexiv, nicht aber im Italienischen.

179 ★

Erkennen Sie die Verbformen und notieren Sie sie.

mivestociincontravamositrasferirebbelavati
siseparerannoriposatevisirilassavasirivedrebbero
siinnamoreràtiscusiviaccorgetefermiamocivialzavate
ciriconosceremotisveglieresti

a) Präsens ______

b) Futur I ______

c) Imperfetto ______

d) Konditional I ______

e) Imperativ ______

180 ★

Vervollständigen Sie mit den Verben im **Passato prossimo**.

a) Oggi Claudia ______ (alzarsi) più tardi del solito. ______ (lavarsi) tranquillamente, ______ (vestirsi) e ______ (farsi) un caffè. Poi ______ (comprarsi) il giornale all'edicola ed ______ (andare) a leggerlo nel parco vicino a casa.

b) Mario ______ (laurearsi) nel 1996. Qualche mese dopo ______ (trasferirsi) a Berlino, dove ______ (conoscere) Elisabeth. I due ______ (innamorarsi) l'uno dell'altra e un anno dopo ______ (sposarsi).

In der Umgangssprache werden nicht reflexive Verben auch reflexiv verwendet. Eine Aussage gewinnt damit einen persönlicheren und emotionaleren Ton: **Adesso mi bevo una birra e mi leggo il giornale.** (*Jetzt trinke ich gemütlich ein Bier und lese die Zeitung.*).

181 ★★★

Konjugieren Sie die Verben in der 3. Person Einzahl bzw. Mehrzahl.

	Trapassato prossimo	Konditional II	Futur II
♂	**a)** separarsi *si era separato*	**e)** annoiarsi _____	**i)** diplomarsi _____
♂♂	**b)** divertirsi _____	**f)** organizzarsi _____	**j)** occuparsi _____
♀	**c)** svegliarsi _____	**g)** addormentarsi _____	**k)** fermarsi _____
♀♀	**d)** conoscersi _____	**h)** abbracciarsi _____	**l)** salutarsi _____

182 ★★★

Die markierten Verbformen können auch mit dem **Hilfsverb avere** ausgedrückt werden. Was ändert sich dabei? Notieren Sie die Variante.

a) Dopo aver lavorato in giardino Gianna **si è dovuta lavare**.

b) Giorgio **si è voluto trasferire** all'estero, perché non trovava lavoro.

c) Non **ci siamo potuti fermare** all'autogrill, perché era già tardi.

d) Mia sorella **si sarebbe dovuta occupare** delle piante, ma se n'è dimenticata.

e) Mia figlia **si è voluta iscrivere** a psicologia.

a) *ha dovuto lavarsi*

b) _____

c) _____

d) _____

e) _____

Die unpersönliche Form „si“

183 ★

Ergänzen Sie das jeweils passende Verb in der unpersönlichen Form **si**.

controllare • fare • fare • preparare • dare • ~~decidere~~ • chiudere • cercare

Prima di partire per le vancanze...

a) ... *si decide* dove andare.

b) ... ______ un alloggio adatto.

c) ... ______ controllare la macchina.

d) ... ______ le chiavi di casa ai vicini.

e) ... ______ le valigie.

f) ... ______ dei panini per il viaggio.

g) ... ______ porte e finestre.

h) ... ______ se in casa tutto è a posto.

184 ★★

Setzen Sie die Verben und Adjektive in die passende Form.

a) Dopo una giornata di lavoro *si è stanchi* (essere stanco).

b) Dopo le vacanze ______ (essere riposato).

c) Dopo una vacanza al mare ______ (essere abbronzato).

d) Dopo una notte in discoteca ______ (essere sfinito).

e) Dopo un'ora di yoga ______ (essere rilassato).

f) Dopo due bicchieri di vino ______ (essere allegro).

185 ★★

Schreiben Sie die Sätze mit dem unpersönlichen si um.

a) Quando uno è innamorato, vede le cose con altri occhi.

Quando si è innamorati, ______________________________

b) Quando uno è stressato, si sente spesso stanco.

____

c) Quando uno è nonno, si occupa volentieri dei nipoti.

____

d) Quando uno diventa padre, impara ad essere paziente.

____

e) Quando uno è giovane, non si preoccupa di tante cose.

____

186 ★★

Setzen Sie die Verben in die unpersönliche Form si.

a) Oggi in Italia ____________ (sposarsi) meno di una volta.

b) Spesso ____________ (preferire) il rito civile.

c) Prima di dire "sì" ____________ (dare) l'addio alla vita da single.

d) Spesso dopo la cerimonia ____________ (offrire) un rinfresco.

e) Agli ospiti ____________ (regalare) una bomboniera.

La bomboniera ist ein kleines Behältnis mit einer ungeraden Anzahl weißer **confetti** (*mit festem Zuckerguss überzogene Mandeln*). Ursprünglich war es ein Geschenk für die Hochzeitsgäste. Mittlerweile wird es von der Taufe bis zur goldenen Hochzeit auch bei anderen wichtigen Anlässen verschenkt. Sehr beliebt sind heutzutage die **bomboniere solidali**, mit deren Kauf eine Hilfsorganisation unterstützt wird.

187 ★★★

Welches ist die korrekte Form des **Passato prossimo** bei der unpersönlichen Form **si**?

a) Nella mia città si ____ di valorizzare il centro storico.

☐ **A** ha cercato ☐ **B** sono cercati ☐ **C** è cercato

b) Si ____ una ampia zona pedonale.

☐ **A** è creata ☐ **B** ha creato ☐ **C** sono create

c) Si ____ tanti edifici storici.

☐ **A** hanno ristrutturato ☐ **B** sono ristrutturati ☐ **C** ha ristrutturato

d) Si ____ la zona a traffico limitato.

☐ **A** ha introdotto ☐ **B** hanno introdotto ☐ **C** è introdotta

e) Si ____ il divieto di sosta nelle due più belle piazze della città.

☐ **A** hanno messo ☐ **B** è messo ☐ **C** ha messo

188 ★★★

Schreiben Sie die Sätze mit dem unpersönlichen **si** um.

a) Abbiamo mangiato bene. *Si è mangiato bene.*

b) Abbiamo bevuto molto. ____________

c) Siamo partiti presto. ____________

d) Siamo arrivati tardi. ____________

e) Ci siamo divertiti. ____________

f) Non ci siamo mai annoiati. ____________

g) Abbiamo riso tanto. ____________

Das Passiv

189 ★★★

Welche Sätze sind im Passiv formuliert? Kreuzen Sie an.

- ☐ **A** Il museo d'arte contemporanea è visitato da molta gente.
- ☐ **B** Il centro storico è pieno di turisti.
- ☐ **C** Tanta gente viene a vedere la mostra di Modigliani.
- ☐ **D** Il museo di Paul Klee viene lodato molto.
- ☐ **E** Il nuovo centro commerciale è stato criticato da tanta gente.
- ☐ **F** L'edificio della Fondation Beyeler è stato progettato da Renzo Piano.
- ☐ **G** Il Museo Egizio di Torino è famoso anche all'estero.

190 ★★★

Bilden Sie aus den Elementen jeweils einen **Passivsatz**.

a) gente | serie televisiva | viene | tanta | La | guardata | da | nuova

____

b) letto | persone | è | da | Il | tante | quotidiano "La Gazzetta dello Sport"

____

c) milioni | di calcio | sono | I | stati | di spettatori | seguiti | mondiali | da

____

d) trasmesso | Europa | concerto | stato | in | Il | tutta | è | di Capodanno

____

e) da | sponsorizzate | corse | finanziatori | di formula uno | sono | vari | Le

____

191 ★★★

Ergänzen Sie die Endungen und ordnen Sie die korrekte Verbform zu.

a) I fagiolini vengono cott___ a vapore.	___ A Congiuntivo presente
b) Le mele sono stat___ tagliat___ a fette.	___ B Konditional I
c) Le zucchine verranno farcit___.	___ C Passato remoto
d) Le lasagne erano stat___ fatt___ dalla zia.	___ D Congiuntivo passato
e) La ricetta fu riscopert___ anni fa.	___ E Konditinal II
f) Il vino veniva servit___ molto fresco.	___ F Trapassato prossimo
g) Le pere non verrebbero più vendut___.	___ G Präsens
h) Non so come siano stat___ fatt___ i dolci.	___ H Passato prossimo
i) Credo che la carne venga marinat___.	___ I Imperfetto
j) Il salame sarebbe stat___ stagionat___ male.	___ J Futur I

192 ★★★

Bei sechs Beispielen der Übung 191 kann das Passiv mit einem anderen Verb gebildet werden. Schreiben Sie die entsprechenden Sätze neu.

a) I fagiolini sono cotti a vapore.

______

______

______

______

______

193

★★★

Vervollständigen Sie mit dem **Passiv** in der jeweils erforderlichen Zeit.

a) Ogni anno in luglio ______________ (organizzare) un festival di musica classica.

b) In estate il castello ______________ (visitare) da migliaia di turisti.

c) Il teatro ______________ (ampliare) due anni fa.

d) Qualche anno fa ______________ (costruire) un enorme centro commerciale.

e) Adesso nel centro storico ______________ (ristrutturare) parecchi edifici.

f) L'anno prossimo ______________ (rifare) la zona intorno alla stazione.

194

★★★

Welche der folgenden Sätze umschreiben einen **Passivsatz**?

- ☐ **A** Hanno ristrutturato l'albergo pochi anni fa.
- ☐ **B** Si accolgono i clienti con grande cordialità.
- ☐ **C** La colazione viene servita in un ampio giardino d'inverno.
- ☐ **D** L'anno prossimo costruiranno una zona wellness.
- ☐ **E** Per i bambini si organizzano giochi di ogni tipo.
- ☐ **F** Ho organizzato dei giochi per gli adulti.
- ☐ **G** Il sabato sera presentano uno spettacolo musicale.
- ☐ **H** Offro un programma fitness ogni mattina.
- ☐ **I** Si offrono corsi di pilates.
- ☐ **J** Il corso è tenuto da un buon insegnante.

Das Gerundium (gerundio)

195 ★★

Suchen Sie waagerecht und senkrecht je neun Formen des Gerundio. Notieren Sie sie und ergänzen Sie den jeweiligen Infinitiv.

A	S	B	P	R	O	P	O	N	E	N	D	O	G
U	A	D	I	C	E	N	D	O	G	U	O	D	U
S	P	O	I	D	O	F	L	H	B	O	V	A	A
C	E	R	C	A	N	D	O	I	E	T	E	N	R
E	N	M	L	M	N	O	D	P	V	A	N	D	D
N	D	E	Q	R	Z	F	A	C	E	N	D	O	A
D	O	N	S	T	F	I	N	E	N	D	O	U	N
O	V	D	S	T	A	N	D	O	D	O	A	B	D
C	V	O	L	E	N	D	O	X	O	R	C	M	O
A	N	D	A	N	D	O	V	I	V	E	N	D	O

a) waagerecht: *proponendo, proporre –*

b) senkrecht:

196 ★★

Fügen Sie die jeweils passenden Satzteile zusammen.

a) Fa bel tempo e papà	___ **A** state guardando la tivù?
b) I miei fratelli	___ **B** sto studiando.
c) Io come al solito	___ **C** stiamo riposando un po'.
d) Tu, Sabrina, che cosa	___ **D** sta lavorando in giardino.
e) Anche voi	___ **E** stanno lavando la macchina.
f) Noi siamo stanchi e	___ **F** stai facendo?

197 ★★

Wie lautet das Präsens von **stare** + **Gerundio** folgender Verben?

a) io, lavarsi	*mi sto lavando*	**d)** lui, alzarsi	___
b) tu, occuparsi	___	**e)** loro, divertirsi	___
c) noi, rilassarsi	___	**f)** voi, prepararsi	___

198 ★★

Ergänzen Sie die jeweils passende Form von **stare** + **Gerundio**. Benutzen Sie die Pronomen. Achten Sie dabei auf die Stellung.

a) Dov'è il giornale? - *Lo sta leggendo* (leggere) la nonna.

b) Hai ringraziato gli zii per il regalo? - ___ (scrivere) ora.

c) Dove sono i cioccolatini? - ___ (cercare) anche noi.

d) Se vuoi pulisco le scarpe. - Guarda, ___ (pulire) Gaia.

e) Che cosa fai con tutte queste foto? - ___ (mettere) in ordine.

f) Mamma, dove sono i miei pantaloni rossi? - ___ (stirare).

g) Hai fatto i compiti? - ___ (fare) adesso.

199 ★

Fügen Sie die Elemente jeweils zu einem Satz zusammen.

a) hai | Quando | stavo | la | telefonato | al | facendo | coda | supermercato

____

b) arrivati | ancora | Sandra | Quando | stava | siete | dormendo

____

c) sono | Quando | svegliata | mi | facendo | gli altri | colazione | stavano

____

d) successo | quando | incidente | è | Stavamo | l' | cenando

____

!

Halten Sie die Verlaufsform **stare** + **Gerundio** von der Konstruktion **stare** + *Infinitiv* auseinander: **Sto mangiando.** (*Ich bin beim Essen.*) / **Sto per mangiare.** (*Ich esse gleich.*), **Stavo pagando.** (*Ich war dabei zu bezahlen.*) / **Stavo per pagare.** (*Ich wollte gerade bezahlen.*).

200 ★★★

Mit welchem **Nebensatz** kann das **Gerundio** ersetzt werden?

a) Guardando il film, Marta piangeva.

☐ **A** Mentre guardava ... ☐ **B** Anche se guardava ...

b) Ce la fai a prendere il treno delle otto e mezza alzandoti alle sette?

☐ **A** siccome ti alzi ... ☐ **B** se ti alzi ...

c) Pur conoscendo bene lo spagnolo, non capisco tutto quello che dicono.

☐ **A** Dato che conosco bene ... ☐ **B** Anche se conosco bene ...

d) Navigando su Internet, dimentico anche di mangiare.

☐ **A** Appena navigo ... ☐ **B** Quando navigo ...

201 ★★★

Schreiben Sie das **Gerundio passato** der aufgeführten Verben auf.

♂	**a)** scrivere	*avendo scritto*	**e)** uscire	______
♂♂	**b)** lavorare	______	**f)** lavarsi	______
♀	**c)** leggere	______	**g)** nascere	______
♀♀	**d)** comprare	______	**h)** vestirsi	______

202 ★★★

Bei welchen fünf Beispielen kann der Nebensatz durch ein **Gerundio passato** ersetzt werden? Formulieren Sie die Sätze um.

- ☐ **A** Siccome sono stanca, stasera non esco.
- ☐ **B** Siccome ho dormito poco, ho difficoltà a concentrarmi.
- ☐ **C** Poiché conosco bene Piero, so come reagirà.
- ☐ **D** Dato che sono cresciute in Austria, le mie cugine sanno il tedesco.
- ☐ **E** Siccome Maria va ogni anno in Bretagna, sa molto bene il francese.
- ☐ **F** Visto che non aveva fatto i compiti, Enrico non è potuto uscire.
- ☐ **G** Dato che avevo studiato molto, ho superato bene l'esame.
- ☐ **H** Poiché mi ero rotta la gamba, per alcuni mesi non ho potuto correre.

____

____

____

____

____

Der Infinitiv

203 ★ Ergänzen Sie, wo nötig, die Präposition **a** oder **di**.

a) Con mio padre è inutile ______ insistere.

b) Il nonno ha smesso ______ fumare.

c) Veniamo ______ prenderti alle sette e mezzo.

d) Non ho avuto tempo ______ leggere il giornale.

e) Ricordati ______ comprare il pane!

f) Mia moglie si è messa ______ studiare il russo.

g) Ieri ti ho visto ______ uscire dal cinema con Claudia.

h) Purtroppo siamo obbligati ______ partire domenica.

i) Stefano ha promesso ______ occuparsi dei regali.

204 ★ Übersetzen Sie die deutschen Angaben.

a) Ti chiamo ______________ *(um zu)* confermare l'appuntamento.

b) Remo è andato al cinema ______________ *(anstatt zu)* studiare.

c) Oggi non ho ______________ *(nichts zu)* fare.

d) Elvira è uscita ______________ *(ohne zu)* salutare.

e) Che cosa c'è ______________ *(zu)* mangiare, oggi?

f) Chiamateci ______________ *(bevor)* partire!

g) Sembra che tu abbia tanto tempo ______________ *(zu)* perdere.

h) Il dottor Giusti ha una proposta ______________ *(zu)* farvi.

205 ★

Wie wird der **Infinitiv** an das konjugierte Verb angeschlossen? Kreuzen Sie je zwei mögliche Antworten an.

a) Ohne Präposition nach

- ☐ A **dovere**, **potere**, **volere** und **sapere**
- ☐ B Verben der Bewegung und des Bleibens (**vado**, **vengo**, **rimango**)
- ☐ C vielen unpersönlichen Verben und Ausdrücken (**è facile**, **è meglio**)

b) Mit der Präposition **a**

- ☐ A bei **avere** + Substantiv (**ho voglia**, **ha tempo**, **abbiamo bisogno**)
- ☐ B nach Verben des Beginnens und Weitermachens (**comincio**, **continui**)
- ☐ C oft nach **essere** + Adjektiv (**è bravo**, **sono abituato**)

c) Mit der Präposition **di**

- ☐ A bei Verben des Beendens einer Handlung (**ho finito**, **ha smesso**)
- ☐ B bei **essere** + Adjektiv, das einen Gemütszustand beschreibt (**è felice**)
- ☐ C nach Verben der Bewegung (**vado**, **corriamo**, **passano**)

206 ★

Welche Satzanfänge passen nicht zum Satzende.

a)	Ho bisogno | Preferisco | Ho deciso | Ho voglia	... di lavorare.
b)	Carlo desidera | Lisa ama | Il nonno crede | Basta	... leggere.
c)	Ci divertiamo | Si è abituato | Speriamo | Sono brava	... a correre.
d)	Sono stufo | Non ci piace | Ho promesso | Non ho tempo	... di aspettare.
e)	Non riesco | Cerchiamo | Veniamo | Sergio continua	... a ballare.
f)	Vorrei | Non le piace | Era brava | Sapeva	... cantare
g)	Mi piacerebbe | Ho voglia | Ho finito | Ho bisogno	... di nuotare

207 ★★★

Ergänzen Sie beim **Infinitiv Perfekt** die Endungen des Partizips.

a) Sergio ha detto di aver vendut___ la sua moto.

b) Gianna ha detto di aver lett___ il giornale.

c) I vicini hanno detto di aver comprat___ una casa al mare.

d) Luisa e Cinzia hanno raccontato di essere stat___ in Sardegna.

e) Nadia pensa di essere stat___ poco gentile.

f) Mario pensa di essersi sbagliat___.

208 ★★★

Formulieren Sie die Sätze mit **dopo** + **Infinitiv Perfekt** um.

a) Prima mi sono lavata i capelli, poi ho fatto la doccia.

Dopo essermi lavata i capelli, ho fatto la doccia.

b) Siamo tornati a casa e siamo andati subito a letto.

______

c) Prima sono andata dal parrucchiere, poi ho fatto la spesa.

______

d) Prima di andare a letto, ho letto il giornale.

______

e) Ci siamo riposati un po' e poi siamo andati a mangiare.

______

!

Beim Infinitiv Perfekt werden die Pronomen an das verkürzte Hilfsverb (**esser**, **aver**) angehängt:
Dice di averci visto. (*Er sagt, er hätte uns gesehen.*)
Dice di non esserci mai stato. (*Er sagt, er sei nie da gewesen.*)

Die Satzstellung im Aussage- und Nebensatz

209 ★

Erweitern Sie die Sätze um die jeweils angegebenen Satzteile.

a) Marta ha scritto alla sua collega. (una mail)

____

b) Natale ha risposto. (due giorni fa, alla mia lettera)

____

c) Ho un appuntamento. (al bar)

____

d) C'è una riunione importante. (domani, in comune)

____

e) Il nonno non sta bene. (da qualche giorno)

____

f) Giuseppe Verdi è morto. (nel 1901, a Milano)

____

g) Carlo e Maria sono andati a Napoli. (in treno, ieri)

____

h) Vi aspettiamo. (tra mezz'ora, davanti al cinema)

____

210 ★★

In folgenden Sätzen wurde das direkte Objekt hervorgehoben, indem es an den Satzanfang gestellt wurde. Was muss noch hinzugefügt werden?

a) Marco ______ vedo ogni giovedì al corso di cucina.

b) Maria ______ ho conosciut______ due anni fa.

c) Il giornale ______ leggo mentre faccio colazione.

d) Gli articoli su Roma ______ ha scritt______ un mio amico.

e) Le tue scarpe nere ______ ho portat______ dal calzolaio.

211 ★★

Ordnen Sie die Elemente der **Haupt- und Nebensätze**.

a) vado | in montagna | Domenica | anche se | lavoro | ho | molto

____

b) troppo poco | ho dormito | Siccome | ho | adesso | mal di testa

____

c) alla veneziana | faccio | Non | il fegato | perché | cipolle | non mangia | Luca

____

d) Franco | Ho conosciuto | mentre | al supermercato | la spesa | facevo

____

e) è arrabbiata | Lisa | Giorgio | perché | la loro storia | a tutti | ha raccontato

____

f) in montagna | Franco | andare | vuole | anche se | può | non | camminare

____

Die Satzstellung im Fragesatz

212 ★

Bei welchen vier Fragen kann die Satzstellung verändert werden?

a) Luca è già partito? *È già partito, Luca?*

b) Si sono già separati? ______

c) I clienti sono soddisfatti? ______

d) Il regalo ti è piaciuto? ______

e) Vi siete divertiti? ______

f) La lettera è arrivata? ______

213 ★

Formulieren Sie mit den Elementen je eine **Frage**. Notieren Sie dann für jede Frage eine weitere mögliche Wortstellung.

a) parte | il | ora | a che | treno ______

______

b) comprato | che | hai | da bere | cosa ______

______

c) occhiali | sono | i miei | dove ______

______

d) alla | chi | festa | c'era ______

______

e) stanno | i tuoi | come | genitori ______

______

214 ★★

Bei folgenden Fragen wurde das direkte Objekt an den Satzanfang gesetzt. Ergänzen Sie die fehlenden Teile.

a) La spesa chi ______ fa?

b) Le chiavi dove ______ hai mess______?

c) Le lasagne come ______ prepari?

d) Il giornale ______ hai già lett______?

e) I compiti quando ______ vuoi fare?

f) La barzelletta ______ hai già raccontat______ a Luca?

g) I biglietti ______ hai pres______ tu?

h) Bambini, le mani ______ avete già lavat______?

215 ★

Wählen Sie das jeweils passende **Fragewort**.

a) Che/Chi sono quei giovani davanti al bar?

b) Da dove/Di dove siete?

c) Che cosa/Con che cosa hai lavato la macchina?

d) Che/Quale tipo è il nuovo capo del personale?

e) Quando/Quanto vi sposate?

f) Chi/Come si chiama la tua amica francese?

g) Perché/Fino a quando Laura non è venuta?

h) A chi/Di chi hai telefonato?

i) Da quando/Da quale siete tornati?

j) Quale/Che tempo fa da voi?

k) Per chi/Come mai sono le lasagne?

216 ★

Ergänzen Sie die jeweils passende Form von **quale**.

a) ____________ è la tua valigia?

b) ____________ gialli hai già letto?

c) ____________ colleghe mandi un invito?

d) ____________ aereo arrivate?

e) ____________ vino preferisci, questo o quello?

f) ____________ amici sei stato in Sicilia?

g) ____________ ristorante siete stati?

h) ____________ film state parlando?

A quali
In quale
Quale
Quali
Qual
Con quale
Di quale
Con quali

217 ★

Übersetzen Sie die in Klammern angegebenen Satzteile.

a) ____________ *(Wie viele)* figli avete?

b) ____________ *(Wie alt sind)* le bambine?

c) ____________ *(Für wie viele)* persone devo prenotare?

d) ____________ *(Wie viel kostet)* questa borsa?

e) ____________ *(Wie viele)* lingue parla Sandro?

f) ____________ *(Wie viel kosten)* quei sandali bianchi?

g) ____________ *(Wie lange)* avete vissuto all'estero?

h) ____________ *(Wie viel)* acqua vuoi?

i) ____________ *(Mit wie vielen)* valigie viaggiate?

j) ____________ *(Wie vielen)* persone hai dato il tuo indirizzo?

Die Verneinung

218 ★

Kreuzen Sie die passende Verneinung an.

a) Prendi anche tu una birra? - ____, io prendo un caffè.

☐ **A** No ☐ **B** No, non

b) Allora, vi decidete di venire sì o ____?

☐ **A** non ☐ **B** no

c) Ti faccio un caffè? - ____ disturbarti.

☐ **A** No ☐ **B** No, non

d) Chissà se pioverà domenica. - Speriamo ____.

☐ **A** non ☐ **B** di no

e) Stasera non vado al corso di yoga. - Perché ____?

☐ **A** no ☐ **B** di no

f) Dov'è il mio cellulare? - ____ lo so.

☐ **A** Non ☐ **B** No, non

g) Voi due lavorate domani? - Michela sì, io ____.

☐ **A** di no ☐ **B** no

h) Ti è piaciuto lo spettacolo? - ____ tanto.

☐ **A** No ☐ **B** Non

Sind Sie in Italien eingeladen und es wird Ihnen etwas angeboten, z. B. ein Kaffee, lehnen Sie das Angebot am besten ein- bis zweimal ab, bevor Sie es beim dritten Überredungsversuch des Gastgebers annehmen:
Va bene, se lo prendi anche tu/se lo prende anche Lei. (*Okay, wenn du auch einen trinkst/Sie auch einen trinken.*).

219 ★

Übersetzen Sie.

a) Heute gehe ich nicht aus. ______

b) Ich habe keine Zeit. ______

c) Luigi hat keine Lust zu lesen. ______

d) Eva will nicht ins Bett gehen. ______

e) Wir haben keine Kinder. ______

f) Jetzt habe ich keinen Hunger. ______

g) Gianni ist nicht müde. ______

220 ★

Was bedeuten die **mehrteiligen Verneinungen**? Ordnen Sie zu.

a) Mario non balla mai.	___	**A** überhaupt nicht/gar nicht
b) Non conosco nessuno.	___	**B** nicht einmal/auch nicht
c) Senza occhiali non vedo niente.	___	**C** nicht mehr
d) Oggi non mangio nemmeno un panino.	___	**D** weder ... noch
e) Il piccolo Luca non parla ancora.	___	**E** niemand
f) Oggi non fa affatto freddo.	___	**F** nichts
g) Il nostro cane non corre più.	___	**G** noch nicht
h) Oggi non ho né pranzato né cenato.	___	**H** nie

Die Verneinungselemente werden auch kombiniert:
Non lo voglio mai più vedere. (*Ich will ihn nie wieder sehen.*) **Non ti presterò mai più niente.** (*Ich werde dir nie wieder etwas leihen.*) **Non presterò mai più niente a nessuno.** (*Ich werde nie wieder jemandem etwas leihen.*).
Haben Sie bemerkt, dass im Deutschen nur die ersten Verneinungselemente als Verneinung wiedergegeben werden?

221
★★

Wo stehen in den **zusammengesetzten Zeiten** die Elemente der **mehrteiligen Verneinung**? Die Stellung im Satz ist nicht bei allen gleich.

a) Oggi | ho | non | il giornale | ancora | letto

____

b) A Natale | niente | a | regalato | Stefano | ho | non

____

c) Questa | nessuno | non | incontrato | mattina | ho

____

d) Anna | ha | non | telefonato | ancora

____

e) Purtroppo | parlare | non | con | ho | Maria | potuto | più

____

f) Quest'anno | mai | non | stati | a teatro | siamo

____

g) Non | Stati Uniti | ancora | siamo | mai | negli | stati

____

h) Oggi | ancora | ho | niente | mangiato | non

____

!

In den zusammengesetzten Zeiten steht das zweite Verneinungselement bei **non ... ancora** und **non ... più** – anders als bei den anderen mehrteiligen Verneinungen – zwischen dem Hilfsverb und dem Partizip Perfekt:
Non è ancora partito. (*Er ist noch nicht verreist.*).
In der Regel gilt dies auch für **non ... mai**:
Non sono mai stato in Francia. (*Ich war noch nie in Frankreich.*).

Der Relativsatz

222 ★★

Wie wird das italienische Relativpronomen **che** jeweils wiedergegeben? Schreiben Sie es auf.

a) Il libro che mi hai prestato mi è piaciuto molto. ______

b) Chi sono i signori che ti hanno salutato? ______

c) Ho un'amica che fa jogging ogni sera. ______

d) Perché non ti metti la sciarpa che ti ho regalato io? ______

e) Come si chiama il ragazzino che ha telefonato ieri? ______

f) Cinzia è una collega che stimo molto. ______

g) Ci sono tante cose che vorrei ancora fare nella vita. ______

h) Luisa è una bambina che non piange quasi mai. ______

223 ★★

Verbinden Sie je zwei passende Satzteile zu einem **Relativsatz**.

a) Marta è la collega con cui sono	___	**A** vi ho mandato le foto con i colleghi.
b) Sabrina è la donna per cui	___	**B** tutte le ragazze s'innamorano.
c) Il Mulino è il locale in cui	___	**C** stata a Parigi.
d) Rivoli è il posto da cui	___	**D** è diventato padre un mese fa.
e) Letizia è una ragazza a cui	___	**E** ho festeggiato il mio pensionamento.
f) Vinicio è un tipo di cui	___	**F** si può contare.
g) Sandro è il collega che	___	**G** il capufficio ha divorziato.
h) Fabio è una persona su cui	___	**H** piace scherzare con tutti.

224
★★★

Wie lauten die Beispiele der Übung 223, wenn Sie anstelle des Relativpronomens **cui** bzw. **che** die Formen von **il quale/la quale** setzen?

a) *Marta è la collega con la quale sono stata a Parigi.*

b) *Sabrina è la donna* ______

c) *Il Mulino è il locale* ______

d) ______

e) ______

f) ______

g) ______

h) ______

225
★★★

Ergänzen Sie die jeweils passende Form des Relativpronomens **chi**.

a chi ▪ tra chi ▪ da chi ▪ di chi ▪ chi ▪ chi ▪ chi ▪ per chi ▪ con chi

a) Questo libro è fatto ______ vuole esercitare la grammatica.

b) ______ desidera perfezionare il suo italiano può andare su Internet.

c) Il corso si rivolge ______ vuole andare in Italia come turista.

d) Ho visto "Amarcord" ______ desiderava vedere un film in lingua originale.

e) C'è stata una discussione ______ vuole leggere e ______ invece no.

f) Ammiro la volontà ______ studia una lingua straniera in un corso serale.

g) ______ vuole frequentare un corso di conversazione ha varie possibilità.

h) I nostri corsi sono frequentati ______ ha rapporti di lavoro con l'Italia.

226 ★★★

Chi oder **ciò che**? Entscheiden Sie.

a) **Chi/Ciò che** mi preoccupa di più è mio padre.

b) Devi cercare di ricordare **chi/ciò che** racconta la nonna.

c) Non ho voglia di discutere **con ciò che/con chi** vuole sempre avere ragione.

d) Ugo si è offeso **per chi/per ciò che** gli ho detto sul suo carattere.

e) Non m'interessa **chi/ciò che** si ottiene troppo facilmente.

f) **Chi/Ciò che** desidera un biglietto per il concerto deve fare la coda.

g) Sto pensando **a chi/a ciò che** devo ancora fare prima del trasloco.

!

Chi bezieht sich auf Personen. Achten Sie darauf, dass Verben und Adjektive, die sich auf **chi** beziehen, immer in der Einzahl stehen. **Ciò che** oder auch **quello che** beziehen sich hingegen auf Dinge und bedeuten *das, was*.

227 ★★★

Mit welchem **Relativpronomen** wird jeweils die deutsche Form **deren** bzw. **dessen** wiedergegeben? Entscheiden Sie.

a) Pina Bausch, ____ coreografie sono apprezzate dappertutto, è morta nel 2009.

☐ **A** chi ☐ **B** le cui ☐ **C** che

b) David Garrett è un musicista ____ concerti si vedono tanti giovani.

☐ **A** a cui ☐ **B** a chi ☐ **C** ai cui

c) Neo Rauch è un pittore contemporaneo ____ quadri si paga una fortuna.

☐ **A** per chi ☐ **B** per i cui ☐ **C** per cui

d) Arvo Pärt, ____ musica piace a un vasto pubblico, è estone, di Paide.

☐ **A** la cui ☐ **B** cui ☐ **C** che

228 ★★★

In welchem **Relativsatz** sollte der **Congiuntivo** stehen?

a) Il professor Carli è il miglior insegnante che **abbia mai avuto/ho avuto**.

b) La dottoressa Rota è un medico che ti **consiglio/consigli** vivamente.

c) Purtroppo non c'è nessun film che **piace/piaccia** a Guido.

d) "La Grande Bellezza" non è un film che **piace/piaccia** a tutti.

e) Mi dispiace che non ci sia nessuno che **può/possa** aiutarti.

f) L'avvocato Zaccherini è certamente uno che **dà/dia** degli ottimi consigli.

g) L'ingegner Violetta è l'unico che **abbia avuto/ha avuto** un'idea insolita.

h) Giorgia è una ragazza che **ha/abbia** tante idee strane.

i) Marco è la persona più generosa che **conosco/conosca**.

Der Bedingungssatz

229 ★★★

Welche Bedingungssätze sind **real**? Kreuzen Sie an.

- ☒ **A** Se camminiamo velocemente, arriviamo in tempo.
- ☐ **B** Cambieresti vita se potessi?
- ☒ **C** Gli fai certamente piacere se lo accompagni all'aeroporto.
- ☐ **D** I nonni sarebbero felici se tu passassi alcuni giorni a casa loro.
- ☐ **E** Se sapessi l'inglese, cercherei lavoro in Inghilterra.
- ☒ **F** Che ne dite, andiamo al mare, se domenica farà bel tempo?
- ☒ **G** Se perdo l'ultimo tram, dovrò tornare a casa a piedi.
- ☐ **H** Se foste partiti prima, adesso sareste già arrivati.
- ☐ **I** Se partiste adesso, arrivereste ancora in tempo.

230 ★★★

Setzen Sie das Verb ins **Präsens** oder in den **Congiuntivo imperfetto**.

a) Se ________________ (io - finire) il lavoro, vengo con voi.

b) Se ________________ (io - essere) in te, accetterei la proposta.

c) Non saresti tanto stanca, se ________________ (andare) a letto prima.

d) Se Vittorio ________________ (fare) un po' di sport, starebbe meglio.

e) Se ________________ (voi - leggere) il giornale, siete informati.

f) Cambieremmo casa se ________________ (potere).

g) Possiamo prendere la macchina se ________________ (tu - preferire).

h) I bambini sarebbero felici se tu li ________________ (portare) al circo.

231 ★★★

Setzen Sie die Sätze in die Vergangenheit.

a) Se tu leggessi attentamente, sapresti cosa fare.

Se tu avessi letto attentamente, avresti saputo cosa fare.

b) Se avessimo tempo, andremmo a Parigi.

____

c) Comprerei una macchina più grande, se avessi i soldi.

____

d) Finiresti prima, se ti dessimo una mano.

____

e) Se non ci fosse Silvana, non sapremmo cosa fare.

____

232 ★★★

In welchen vier Sätzen würde die Folge in der Gegenwart eintreten? Kreuzen Sie an.

- ☐ **A** Sarei già a casa, se non avessi perso l'autobus.
- ☐ **B** Se non ci fossero stati taxi, saremmo dovuti tornare a casa a piedi.
- ☐ **C** Non avresti la tosse, se ti fossi messo il cappotto.
- ☐ **D** Se Giulio fosse stato più prudente, non sarebbe successo niente.
- ☐ **E** Non avrei mai conosciuto Karl, se non avessi studiato in Germania.
- ☐ **F** Mia madre sarebbe molto preoccupata, se non avessimo telefonato.
- ☐ **G** Ci sarebbe dispiaciuto, se Ugo non avesse passato le vacanze con noi.
- ☐ **H** Daniele non avrebbe mal di testa, se avesse bevuto di meno.
- ☐ **I** Sarei andata volentieri a trovarla, se non fossi dovuta partire.

233 ★★★

Wählen Sie die jeweils passende Verbform aus.

a) Se tutto va bene, l'anno prossimo **cambieremo/cambieremmo** casa.
b) Non **sono/sarei** qui, se Guido non mi avesse chiamato.
c) Se domenica non piove, **avremmo fatto/faremo** una gita in bicicletta.
d) Se avessi guardato il telegiornale, adesso **saresti/sarai stata** informata.
e) Chissà come **sarà stata/sarebbe** la mia vita, se fossi rimasta in Italia.
f) Se Luca non mi telefona entro le sette, lo **chiamo/avrei chiamato** io.
g) Adesso Marina non **avrebbe/avesse avuto** la febbre, se fosse stata attenta.
h) Se tu studiassi di più, **potresti/avresti potuto** passare l'esame.

Beim realen Bedingungssatz kann im Hauptsatz auch ein Imperativ stehen:
Se volete uscire, ditecelo! (*Wenn ihr ausgehen wollt, sagt es uns!*).

Der Aussagesatz

234 ★★★

Welcher Satzanfang passt? Ordnen Sie jeden dreimal zu.

a) Pia dice/ha detto/dirà

b) Pia disse/aveva detto/diceva/ha detto

___ **A** che è felice.

___ **B** che si sarebbe sposata.

___ **C** che si è innamorata.

___ **D** che era felice.

___ **E** che si sposerà.

___ **F** che si era innamorata.

235 ★★★

Berichten Sie, was Remo erzählt, indem Sie die Sätze in die indirekte Rede setzen. Tipp: Die Umwandlung kann sich auf die Pronomen auswirken.

a) Ho incontrato Lisa. *Remo racconta che ha incontrato Lisa.*

b) Non la vedevo da tanti anni. *Dice che non* ___

c) È diventata una donna attraente. *e che* ___

d) Siamo andati a bere un caffè. *Racconta che* ___

e) Ci siamo raccontati la nostra vita. *e che* ___

f) Fa la consulente aziendale. *Dice che Lisa* ___

g) Domani parte per il Brasile. *che* ___

h) Forse mi telefonerà. *e che* ___

i) Se non lo fa lei, lo farò io. *Aggiunge che* ___

236 ★★★

Einige Jahre später erinnern Sie sich noch an das, was Ihnen Remo gesagt hat und erzählen es einem Freund. Welche Verbform benutzen Sie jeweils?

a) Remo aveva raccontato che **ha incontrato/aveva incontrato** Lisa.

b) Disse che non **la vedeva/l'aveva vista** da tanti anni ...

c) ... e che **è diventata/era diventata** una donna attraente.

d) Raccontò che **erano andati/andavano** a bere un caffè ...

e) ... e che **si sono raccontati/si erano raccontati** la loro vita.

f) Disse che Lisa **faceva/avesse fatto** la consulente aziendale ...

g) ... e che il giorno dopo **era partita/sarebbe partita** per il Brasile.

h) Raccontò anche che forse Lisa gli **avrebbe telefonato/telefonerebbe**.

i) E aggiunse che se non lo avesse fatto lei, lo **farebbe/avrebbe fatto** lui.

237 ★★★

Wie werden diese **Wünsche** in der **indirekten Rede** vervollständigt?

a) Pietro racconta che gli ______ fare il medico.

☐ **A** piaceva ☐ **B** piacerebbe

b) Nora disse che ______ volentieri un viaggio in Africa.

☐ **A** farebbe ☐ **B** avrebbe fatto

c) Carla dice che ______ volentieri a Monaco.

☐ **A** avrebbe vissuto ☐ **B** vivrebbe

d) Bruno raccontava che ______ laurearsi in biochimica.

☐ **A** volesse ☐ **B** avrebbe voluto

Die Frage und die Aufforderung

238 ★★★

Wie lauten diese Fragen in der indirekten Form? Vervollständigen Sie.

Mio padre vuole sapere ...

a) Hai fatto buon viaggio? *se ho fatto buon viaggio.*

b) Vuoi un caffè? ____________

c) Quanti giorni rimani qui? ____________

d) Andrai anche dagli zii di Roma? ____________

e) Ritornerai anche l'anno prossimo? ____________

f) Ti piacerebbe venire al mare con me? ____________

239 ★★★

Wie verändern sich die Verbformen, wenn im **einleitenden Satz** eine **Zeit der Vergangenheit** steht? Wählen Sie aus.

a) Mio padre voleva sapere se **ho fatto/avevo fatto** buon viaggio.

b) Ha chiesto anche se **volevo/vorrei** un caffè.

c) Inoltre voleva sapere quanti giorni **ero rimasto/rimanevo** lì.

d) Poi mi ha chiesto se **andrei/sarei andato** anche dagli zii di Roma.

e) Desiderava sapere anche se **sarei ritornato/ritornassi** l'anno dopo ...

f) ... e se mi **piacesse/sarebbe piaciuto** andare al mare.

In einem gehobenen Stil wird in der indirekten Frage anstelle des **Imperfetto** der **Congiuntivo imperfetto** benutzt und anstelle des **Trapassato prossimo** der **Congiuntivo trapassato**:
Mi chiese se stavo/stessi bene. (*Er fragte mich, ob es mir gut ging.*)
Mi chiese se mi ero/fossi ammalato. (*Er fragte mich, ob ich krank geworden wäre.*)

240 ★★★

Welche **Zeitangabe** ist jeweils richtig?

a) Il nonno raccontava che **ora/allora** a Rimini c'erano pochi turisti.

b) Disse che erano arrivati **quella mattina/stamattina**.

c) Carlo dice che **la sera prima/ieri sera** ha incontrato un suo vecchio amico.

d) Mia suocera vuole sapere se **il giorno dopo/domani** andiamo a trovarla.

e) Edo aveva chiesto se **l'anno prossimo/l'anno seguente** saremmo tornati.

f) Sara voleva sapere se poteva vederci **oggi/quel giorno**.

g) Un mio amico disse che **due mesi fa/due mesi prima** era stato a Vienna.

h) Lo zio dice di passare da lui **quel giorno/oggi**.

i) Michela aveva chiesto se avevamo visto Ida **il giorno prima/ieri**.

j) Dissi che saremmo partiti **domani/il giorno dopo**.

241 ★★★

Ergänzen Sie die Tabelle. Achten Sie auch auf die Pronomen.

direkte Aufforderung	indirekte Aufforderung
a) Fai/Fa' attenzione!	*La mamma mi dice/diceva di fare attenzione.*
b) Non fumate!	*Papà ci dice/diceva* ______
c) Applicati di più!	*La maestra* ______
d) Lasciami in pace!	*Mia sorella* ______
e) ______ *una mano!*	La nonna ci prega/pregava di darle una mano.
f) ______	Il vicino ci dice/diceva di non fare tanto chiasso.
g) ______	Il portinaio ci dice/diceva di non correre.
h) ______	Mio fratello mi dice/diceva di non toccare niente.

242 ★ Vervollständigen Sie die Sätze mit der italienischen Entsprechung.

a) Un caffè ________ *(und)* un cappuccino, per favore.

b) Mi chiamate, ________ *(falls)* non venite?

c) Elena è sempre di buon umore ________ *(wenn)* esce con Dario.

d) Andate in discoteca? ________ *(Dann)* vengo con voi.

e) Vengo solo ________ *(wenn)* viene anche Luciano.

f) Sandro è nervosissimo ________ *(seitdem)* si prepara agli esami.

g) Valeria non è andata a scuola ________ *(weil)* ha la febbre.

h) Guardate pure la tivù, ________ *(aber)* alle nove andate a letto!

i) Vuoi un panino caldo ________ *(oder)* preferisci una pizzetta?

j) ________ *(Also)*, venite sì o no!?

k) Ti telefono ________ *(entweder)* domani ________ *(oder)* dopodomani.

l) ________ *(Als)* è arrivato Giorgio erano già le undici.

243 ★★ Wo muss die Konjunktion **mentre** stehen, wo die Präposition **durante**?

a) Io e Kai ci siamo conosciuti ____________ le vacanze.

b) ____________ tu dormivi, noi abbiamo messo in ordine la cucina.

c) Ho finito di leggere il libro ____________ aspettavo dal dentista.

d) Io e Maria abbiamo pianto ____________ tutto il film.

e) Giulio ha telefonato ____________ stavo per uscire.

244 ★★

Ergänzen Sie die jeweils passende Konjunktion.

a) ________ sono uscito, si è messo a piovere.

b) La lettera è arrivata ________ eri partita.

c) Puoi stare in questa casa ________ ti piace.

d) ________ sei in vacanza, puoi andare a letto più tardi.

e) Il film ha successo, ________ ha una pessima critica.

f) ________ andare in pensione, Beppe lavorava in banca.

g) Non devi palare ________ riflettere.

siccome
finché
prima di
dopo che
senza
appena
anche se

!

Siccome/dato che/visto che/poiché und **perché** dienen zur Angabe eines Grundes (*da, weil*). Ein mit **perché** eingeleiteter Nebensatz steht nach dem Hauptsatz: **Non vengo perché sono stanco.** (*Ich komme nicht, weil ich müde bin.*).
Ein mit den anderen Konjunktionen eingeleiteter Nebensatz kann dem Hauptsatz vorangestellt werden:
Siccome sono stanco, non vengo. (*Da ich müde bin, komme ich nicht.*)

245 ★★★

Nach welchen Konjunktionen steht der **Congiuntivo**? Entscheiden Sie.

a) Non uscirete finché non ve lo **dica/dico** io.

b) Sandro si comporta come se **è/fosse** lui il capufficio.

c) Il russo continua a piacermi benché **abbia/ho** difficoltà a impararlo.

d) Devi parlare con il professore prima che **è/sia** troppo tardi.

e) Dato che **siano/sono** già le otto, spengo il computer e vado a casa.

f) Sono rientrato piano piano affinché mia madre non mi **sentiva/sentisse**.

g) Ti chiamo appena **possa/posso**.

h) Leo è uscito senza che i suoi genitori **se ne sono accorti/se ne siano accorti**.

246 ★

Ergänzen Sie die jeweils passende Präposition **a**, **in**, **da** mit oder ohne bestimmten Artikel.

Sono/Vado...

a) ____ Venezia	**g)** ____ macellaio	**m)** ____ pizzeria	**s)** ____ lavoro
b) ____ Svizzera	**h)** ____ salumeria	**n)** ____ ristorante	**t)** ____ ufficio
c) ____ Toscana	**i)** ____ mercato	**o)** ____ teatro	**u)** ____ banca
d) ____ Sicilia	**j)** ____ stazione	**p)** ____ cinema	**v)** ____ casa
e) ____ Anna	**k)** ____ posta	**q)** ____ città	**w)** ____ vacanza
f) ____ medico	**l)** ____ bar	**r)** ____ montagna	**x)** ____ mare

247 ★

Schauen Sie sich das Bild an und lesen Sie dann die Sätze. Welche vier Sätze stimmen nicht mit dem Bild überein? Wichtig sind die **Ortsangaben**.

- ☐ **A** Il tavolino da salotto è sulla destra della foto.
- ☐ **B** Sul tavolino c'è un tappeto e sotto un vaso bianco.
- ☐ **C** Dietro al tavolino ci sono due poltrone.
- ☐ **D** Tra le due poltrone c'è una lampada.
- ☐ **E** Davanti alle poltrone ci sono due finestre.
- ☐ **F** Al muro tra le due finestre è appeso un quadro.
- ☐ **G** In fondo a sinistra si vede una sedia.
- ☐ **H** Accanto alla poltrona di sinistra c'è una pianta.

248 ★

Vervollständigen Sie. Achten Sie dabei auf die **Präpositionen**.

a) Il cinema Alfieri è ______________________ *(neben der Bibliothek)*.

b) La farmacia è ______________________ *(gegenüber dem Theater)*.

c) ______________________ *(in der Nähe der Post)* c'è un bar.

d) Piazza Carducci non è ______________________ *(weit von hier)*.

e) L'ospedale è ______________________ *(am Ende von Corso Bramante)*.

f) ______________________ *(rechts vom Park)* c'è l'entrata dello zoo.

g) L'Hotel Roma è ______________________ *(links vom Bahnhof)*.

249 ★

Wählen Sie die jeweils passende **Präposition** aus.

a) Quando non piove, vado al lavoro ___ bicicletta. ☐ **A** con ☐ **B** in

b) Di solito vado in palestra ___ piedi. ☐ **A** a ☐ **B** in

c) Il treno passa ___ Mantova. ☐ **A** a ☐ **B** per

d) L'aereo parte ___ Milano alle 16:30. ☐ **A** da ☐ **B** di

e) Mio marito va sempre in ufficio ___ macchina. ☐ **A** in ☐ **B** con

f) Devo prendere il pullman ___ Pisa. ☐ **A** di ☐ **B** per

g) Dino preferisce andare a scuola ___ la metropolitana. ☐ **A** con ☐ **B** in

h) Il treno arriva ___ Genova. ☐ **A** per ☐ **B** da

i) Siamo appena tornati ___ vacanze. ☐ **A** dalle ☐ **B** alle

j) Nei mesi caldi Eva va all'università ___ il motorino. ☐ **A** in ☐ **B** con

k) Un biglietto di sola andata ___ Firenze, per favore. ☐ **A** da ☐ **B** per

250 ★

Welches Wort passt nicht in die Reihe? Streichen Sie es.

a) il vestito	DI	seta/cotone/sera/lana/poliestere
b) la gonna	A	righe/quadretti/fiori/pieghe/viscosa
c) le scarpe	DA	tennis/poliestere/ginnastica/ballo/trekking
d) il bracciale	IN	argento/oro/pelle/uomo/plastica
e) il bicchiere	DA	cognac/vino/cristallo/spumante/cocktail

!

Die Verwendung der Präposition **di** anstelle der Präposition **da** kann die Bedeutung eines zusammengesetzten Substantivs verändern. So ist **un bicchiere da cognac** *ein Cognacglas*, **un bicchiere di cognac** hingegen *ein Glas Cognac*. An der Bar bestellen Sie also eher **un bicchiere di vino**, im Glaswarengeschäft **dei bicchieri da vino**.

251 ★

Wählen Sie die jeweils passende **Präposition** aus.

(a) Sonia è siciliana, **a/di** Palermo, ma abita **in/a** Ivrea, una cittadina **tra/a** una cinquantina di chilometri **fra/da** Torino. **(b)** È sposata con Hans. Hans è austriaco, **da/di** Vienna. **(c)** Cinque anni **fra/fa** è andato a Palermo per lavoro. **(d)** I due si sono conosciuti durante una visita guidata **nella/della** città. **(e)** Adesso sono sposati **per/da** quattro anni. **(f)** Hanno una bambina **a/di** tre anni, Chiara. **(g)** **Da/Fra** due mesi Chiara avrà un fratellino, forse si chiamerà Marco.

252 ★★

Welche **Präposition** passt jeweils? Kreuzen Sie an.

a) Alessio è un uomo ____ cinquant'anni.	☐ **A** dai	☐ **B** sui
b) Simona si è sposata ____ trentasei anni.	☐ **A** a	☐ **B** con
c) Ogni mattina Sandro esce ____ casa alle sette.	☐ **A** a	☐ **B** di
d) Giorgia ha una bella casa ____ lago di Garda.	☐ **A** del	☐ **B** sul

Die Grundzahlen

253 ★ Ordnen Sie die Zahlwörter den Bildern zu.

diciannove ▪ sei ▪ cinque ▪ due ▪ nove ▪ diciotto ▪ sette ▪ sedici ▪ undici ▪ tre

a) ____________

b) ____________

c) ____________

d) ____________

e) ____________

f) ____________

g) ____________

h) ____________

i) ____________

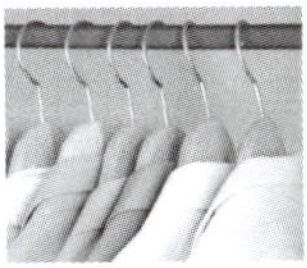

j) ____________

254 ★ Welche **Zahlen von 1 bis 20** kommen in Übung 253 nicht vor? Schreiben Sie die Zahlwörter in der richtigen Reihenfolge auf.

____

____

____

Wussten Sie, dass in Italien die 13 die Glückszahl ist, die Unglückszahl hingegen die 17? Ganz schlimm ist es, wenn der 17. eines Monats auf einen Freitag fällt.

255 ★

Welche **Zahlwörter zwischen 21 und 110** lassen sich mit den angegebenen Buchstaben schreiben? Geben Sie die Zahlen auch in Ziffern an.

a) RTEOTTTNO ______

b) SAESSENTSTTAE ______

c) CNIAQUNATNVOE ______

d) NVOANTCAIQUNE ______

e) CEONTNUO ______

f) CETNONVOE ______

g) OATTATTNRÉ ______

h) QAURNATAUDE ______

i) VUENTNO ______

j) SAETTNTSEAI ______

256 ★

Welche der aufgeführten Zahlen sind auch als **Zahlwörter** angegeben? Schreiben Sie die Ziffer neben dem entsprechenden Zahlwort auf.

41.808 211.000 2.216.000 7215 92.871 4118 1511 21.111 2.113.000 6617 720.519 66.743 151 678 9287 1.113.000

a) settemiladuecentoquindici ______

b) quarantunmilaottocentootto ______

c) seimilaseicentodiciassette ______

d) novemiladuecentottantasette ______

e) centocinquantuno ______

f) quattromilacentodiciotto ______

g) seicentosettantotto ______

h) duecentoundicimila ______

i) due milioni duecentosedicimila ______

j) un milione centotredicimila ______

Die Ordnungszahlen

257 ★

In der Spirale verstecken sich zehn Ordnungszahlen. Unterstreichen Sie sie und schreiben Sie sie der Größe nach auf. Geben Sie auch die Ziffern an.

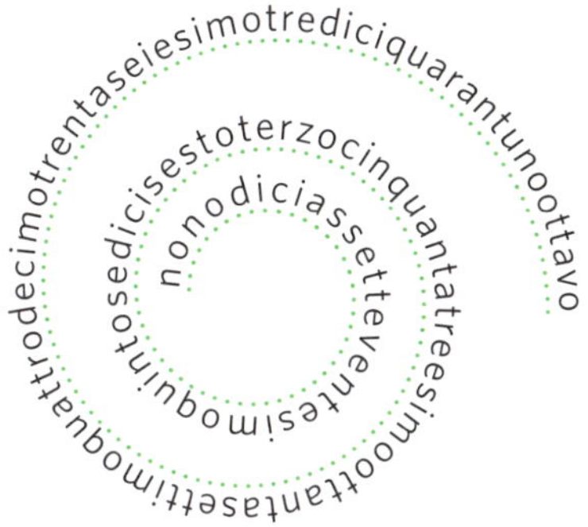

terzo (3°), ______________________

____

____

258 ★

Ergänzen Sie die **Zahlwörter**.

a) Viaggiare in ______________ (1ª) classe è comodo.

b) Mia sorella frequenta la ______________ (3ª) elementare.

c) Per andare al Museo Egizio devi scendere alla ______________ (5ª) fermata.

d) Ai campionati di basket siamo arrivati all' ______________ (11°) posto.

e) Santa abita al ______________ (31°) piano e vede tutta Hong Kong.

f) Per lo spettacolo di sabato ho trovato tre posti in ______________ (14ª) fila.

g) Al ______________ (2°) semaforo devi girare a sinistra.

h) È la ______________ (4ª) volta che passiamo le vacanze in Canada.

i) Sulla foto la ______________ (7ª) da destra è mia figlia.

Datum und Jahreszahlen

259 ★

Wissen Sie, wann folgende Feste in Italien gefeiert werden? Ordnen Sie den jeweils passenden Monat zu.

agosto • maggio • gennaio • dicembre • aprile • marzo • novembre • giugno

a) La festa della donna è l'8 ________________.

b) Il 6 ________________ la Befana porta i regali ai bambini.

c) La festa della Repubblica Italiana si celebra il 2 ________________.

d) Anche in Italia il 1° ________________ si festeggia il giorno del lavoro.

e) Il 25 ________________ si ricorda la liberazione dal fascismo.

f) La festa di Ognissanti cade il 1° ________________.

g) Il 15 ________________ si celebra Ferragosto.

h) Santo Stefano si festeggia il 26 ________________.

260 ★

Ergänzen Sie das jeweilige **Datum** auf Italienisch.

Ciao Vinicio!

Grazie della tua mail. Se vieni a trovarci in primavera ci fai proprio tanto piacere. Inoltre, quel periodo dell'anno è ricco di eventi culturali, eccone alcuni: **(a)** ________________ *(vom 26. April)* ________________ *(bis 10. Juni)* ha luogo un festival di musica classica. **(b)** ________________ *(Am 1. Juni)* suonerà il tuo pianista preferito. **(c)** ________________ *(Am 8. und 9. Mai)* c'è una grande festa popolare e ________________ *(am 31. Mai)*, a teatro, potresti vedere una commedia in inglese. Allora, quando verrai? Ti aspettiamo!

261 ★

Verbinden Sie die aufgeführten **Jahreszahlen** und **Jahrhunderte**.

a) il millenovecentoquarantacinque	___	A 1813
b) il milleottocentotredici	___	B das 20. Jahrhundert
c) l'Ottocento	___	C das 17. Jahrhundert
d) il millesettecentosessantaquattro	___	D 1676
e) il Novecento	___	E 2011
f) il milleseicentosettantasei	___	F das 21. Jahrhundert
g) il Settecento	___	G 1764
h) il duemilaundici	___	H 1945
i) il Seicento	___	I das 19. Jahrhundert
j) il XXI secolo	___	J das 18. Jahrhundert

262 ★

Wann fanden die folgenden Ereignisse statt? Vervollständigen Sie die Sätze mit den ausgeschriebenen **Jahreszahlen**.

2002 1989 1789 1990 1861 1969

a) *Nel* ______________________ è caduto il muro di Berlino.

b) La riunificazione tedesca à avvenuta ______________________.

c) L'Italia si è unita ______________________.

d) ______________________ l'uomo è andato sulla luna.

e) La rivoluzione francese è iniziata ______________________.

f) L'euro è stato introdotto ______________________.

Die Uhrzeit

263 ★

Wählen Sie die korrekte Formulierung.

a) Sono **le/l'** undici.

b) **Sono/È** l'una.

c) Sono le tre e un **quattro/quarto**.

d) **Sono le/È** mezzogiorno.

e) Sono le tre **più/e** mezza.

f) **Sono/È** mezzanotte.

g) **Sono/È** le due.

h) Sono le sei **prima/meno** dieci.

264 ★

Schreiben Sie die jeweilige **Uhrzeit** in Worten auf.

a) ______________________

b) ______________________

c) ______________________

d) ______________________

e) ______________________

f) ______________________

265 ★

Vervollständigen Sie die Sätze.

a) Il film inizia ______________ *(um 8 Uhr)*.

b) Ho aspettato ______________ *(von 10)* ______________ *(bis 11 Uhr)*.

c) Saremo da voi ______________ *(gegen 9 Uhr)*.

d) Se nevica, arriverò certamente ______________ *(nach 11 Uhr)*.

Mengenangaben

266 ★

Notieren Sie die Gewichts- und Mengenangaben in Worten.

A	B	C	D	E	F
2kg	1l	250g	½ l	½ kg	1½ kg

a) ______________ patate **d)** ______________ olio

b) ______________ latte **e)** ______________ pane

c) ______________ formaggio **f)** ______________ carne

267 ★

Mit welchen Lebensmitteln lassen sich die aufgeführten **Mengenangaben** verbinden? Schreiben Sie alle Möglichkeiten auf.

a) una bottiglia di ______________

b) una fetta di ______________

c) un pacco di ______________

d) un vasetto di ______________

e) una scatoletta di ______________

f) un mazzetto di ______________

g) una bustina di ______________

h) un pezzo di ______________

acqua, aceto, rosmarino, lievito, torta, formaggio, birra, prosciutto, zucchero, farina, yogurt, carne, olive, miele, riso, tonno, sardine, basilico, sale, prezzemolo

Lösungen

1. DER ARTIKEL

Der bestimmte Artikel

1.
A, B, G, H, I, K, N

2.
Einzahl: **b)** lo; **c)** la; **d)** il; **f)** l';
Mehrzahl: **h)** gli; **l)** le; **n)** gli

3.
a) l'; **b)** il; **c)** i; **d)** la; **e)** l'; **f)** la; **g)** gli; **h)** il; **i)** il; **j)** i

4.
a) -; **b)** la; **c)** l'; **d)** -; **e)** il; **f)** l'; **g)** il, -; **h)** il; **i)** gli; **j)** -; **k)** La; **l)** il, il

5.
b) al, a + il; **c)** delle, di + le; **d)** dal, da + il; **e)** all', a + l'; **f)** nel, in + il; **g)** dai, da + i; **h)** sul, su + il

Der unbestimmte Artikel

6.
männlich: **a)** uno; **b)** un; **c)** un; **d)** un; **e)** uno;
weiblich: **f)** una; **g)** un'; **h)** una; **i)** una; **j)** un'

7.
a) un; **b)** uno; **c)** un; **d)** una; **e)** una; **f)** un'; **g)** un; **h)** un; **i)** uno

8.
a) un; **b)** una; **c)** Un'; **d)** una; **e)** un; **f)** uno; **g)** un; **h)** un; **i)** un; **j)** -; **k)** -; **l)** -

Der Teilungsartikel

9.
dello, dell', della, dei, degli, delle

10.
aF, **b**D, **c**G, **d**B, **e**A, **f**C, **g**E

11.
aB, **b**B, **c**B, **d**A, **e**A, **f**B, **g**B, **h**B

2. DAS SUBSTANTIV

Das Geschlecht der Substantive

12.
C, F, I, L, Q

13.
a) il; **b)** il; **c)** il; **d)** l'; **e)** il; **f)** il; **g)** la; **h)** la; **i)** il; **j)** la; **k)** la; **l)** lo; **m)** la; **n)** l'; **o)** il

14.
a) traduttore, la traduttrice; **b)** cuoco, la cuoca; **c)** parrucchiere, la parrucchiera; **d)** farmacista, la farmacista; **e)** cliente, la cliente; **f)** professore, la professoressa; **g)** collega, la collega

15.
donna - uomo, moglie - marito, sorella - fratello, genero - nuora, maschio - femmina

16.
a) F, **b)** I, **c)** J, **d)** B, **e)** H, **f)** A, **g)** E, **h)** C, **i)** D, **j)** C

Die Mehrzahl der Substantive

17.
a) cose, borse, borsette; **b)** chiavi, fazzoletti, indirizzi, impegni, giorni; **c)** documenti; **d)** sigarette, caramelle, medicine; **e)** segreti

18.
a) il tedesco; **b)** il lago; **c)** l'austriaco; **d)** il farmacista; **e)** il caffè; **f)** la camicia; **g)** l'amica; **h)** la psicologa

19.
a) le colleghe; **b)** i figli; **c)** gli alberghi, le spiagge; **d)** le foto; **e)** gli zii; **f)** le arance; **g)** i problemi; **h)** i parchi

20.
a) i piedi; **b)** la gamba, le gambe; **c)** il ginocchio, le ginocchia/i ginocchi; **d)** il braccio, le braccia; **e)** la mano, le mani; **f)** il dito, le dita; **g)** il labbro, le labbra; **h)** l'orecchio, le orecchie/gli orecchi; **i)** l'occhio, gli occhi

21.

a) succo di frutta, i succhi di frutta; **b)** pacchetto di sigarette, i pacchetti di sigarette; **c)** fine settimana, i fine settimana; **d)** costume da bagno, i costumi da bagno; **e)** camera doppia, le camere doppie

22.

a) B, **b)** A, **c)** B, **d)** A, **e)** B

3. DAS ADJEKTIV

Einzahl und Mehrzahl

23.

a) simpatico, intelligente, ottimista, timido, alto, robusto, giovane, paziente, creativo; **b)** dinamica, intelligente, allegra, ottimista, magra, giovane, carina, paziente, comunicativa

24.

b) cinese; **c)** luminosa; **d)** piccola; **e)** austriaca; **f)** coraggiosa; **g)** pessimista

25.

a) C, **b)** D, **c)** E, **d)** A, **e)** F/D, **f)** B

26.

a) aperte, estroverse, socievoli, creative, disordinate, affettuose; **b)** pazienti, riflessivi, sensibili, tranquilli, gentili, dominanti; **c)** indipendenti, introverso, riflessivo, ordinate, pignole; **d)** orgogliosi, testardi, permalosi, disponibili, intraprendenti, creativi

27.

<u>männlich:</u> **a)** turistici; **b)** ordinari; **c)** antipatici; **d)** sporchi; **e)** pessimisti; **f)** lunghi; **g)** greci;
<u>weiblich:</u> **h)** dinamiche; **i)** vecchie; **j)** economiche; **k)** antiche; **l)** egoiste; **m)** larghe; **n)** greche

28.

a) buona; **b)** buon; **c)** buoni; **d)** buono; **e)** buona; **f)** buone; **g)** buon'; **h)** buon

29.

a) bel; **b)** belle; **c)** bella; **d)** bello; **e)** begli; **f)** bell'; **g)** bei; **h)** bell'; **i)** begli; **j)** bel

30.

veränderlich: rosso, marrone, grigio, verde, azzurro, nero, giallo, arancione, bianco, turchese;
unveränderlich: viola, blu, rosa, beige, lilla

31.

a) gialle; **b)** bianca; **c)** rosa; **d)** bianchi; **e)** rosso; **f)** azzurri; **g)** turchesi; **h)** verde; **i)** verde; **j)** beige; **k)** nero; **l)** grigio; **m)** grigio; **n)** arancione; **o)** gialli; **p)** marroni/marrone

Die Stellung der Adjektive

32.

a) pantaloni neri; **b)** bella ragazza; **c)** persona molto gentile; **d)** chitarra classica; **e)** grande specialista; **f)** cucina molto grande; **g)** buono stipendio; **h)** minestrone molto buono; **i)** villaggio molto piccolo; **j)** dolci siciliani

33.

a) B, **b)** A, **c)** B, **d)** B, **e)** A

Steigerung und Vergleichssatz

34.

a) È più pesante. Le orecchie sono più grandi. Le zampe sono più grosse; **b)** È più alta. È meno forte. Il collo è più lungo.

35.

b) Il pilates è meno divertente dello step. **c)** Il karate è più difficile del judo. **d)** I tuffi sono più pericolosi del nuoto. **e)** La salsa è meno romantica del tango. **f)** Il calcio è più praticato della pallavolo. **g)** Il mambo è meno faticoso dell'hip hop.

36.

a) che; **b)** che; **c)** che; **d)** del; **e)** che; **f)** che; **g)** che; **h)** di

37.

b) il, più; **c)** il, più; **d)** le, meno; **e)** il, meno; **f)** le, più; **g)** l', più

38.
a) Qual è l'insegnante più severo della scuola? **b)** Qual è il compagno più simpatico della classe? **c)** Quali sono le materie più interessanti? **d)** Qual è il giorno meno stressante della settimana? **e)** Quali sono i ricordi più belli degli anni di scuola?

39.
b) velocissimo; **c)** sporchissimo; **d)** lunghissimo; **e)** difficilissimo; **f)** vecchissimo; **g)** bianchissimo; **h)** praticissimo; **i)** gentilissimo

40.
b) tristissimo/molto triste; **c)** avvincentissimo/molto avvincente; **d)** bravissimi/molto bravi; **e)** romanticissima/molto romantica; **f)** bellissima/molto bella; **g)** noiosissimo/molto noioso

41.

I	M	O	G	M	A	G	G	I	O	R	E
M	I	G	L	I	O	R	E	M	T	E	N
A	N	P	E	S	S	I	M	O	T	A	B
S	O	E	S	S	I	M	I	N	I	M	O
S	R	G	I	M	A	S	S	I	M	O	N
P	E	G	G	I	O	R	E	M	O	G	O

a) migliore; **b)** peggiore; **c)** maggiore; **d)** minore; **e)** ottimo; **f)** pessimo; **g)** massimo; **h)** minimo

42.
a) il più buon/il miglior; **b)** buonissima; **c)** piccolissima/minima; **d)** ottimo; **e)** il più grande/il maggior

43.
a) il miglior amico; **b)** una pessima critica; **c)** la figlia maggiore; **d)** peggiore; **e)** il fratello minore; **f)** la mia migliore studentessa; **g)** il minimo sforzo; **h)** un problema minore; **i)** uno dei maggiori registi italiani; **j)** il peggior voto

4. DAS ADVERB

Ursprüngliche und abgeleitete Adverbien

44.
a) fuori; **b)** abbastanza; **c)** purtroppo; **d)** già; **e)** poco; **f)** ieri; **g)** adesso; **h)** qui

45.
b) particolarmente; **c)** velocemente; **d)** naturalmente; **e)** sicuramente; **f)** perfettamente; **g)** leggermente

46.
a) facilmente; **b)** probabilmente; **c)** eventuale; **d)** male; **e)** difficile; **f)** buono; **g)** felicemente; **h)** assolutamente; **i)** puntuale

47.
a) B, **b)** A, **c)** A, **d)** B, **e)** A

Die Stellung der Adverbien

48.
a) spiegare bene; **b)** partire presto; **c)** incredibilmente caldo; **d)** annoiata molto; **e)** suonato meravigliosamente; **f)** arrivati adesso; **g)** fumare troppo

49.
a) Lo spettacolo è appena iniziato. **b)** Abbiamo ancora mangiato del pesce. / Abbiamo mangiato ancora del pesce. **c)** Forse non possiamo andare in vacanza. **d)** I clienti sono già partiti. **e)** Anche noi andiamo al cinema. / Andiamo al cinema anche noi.

Steigerung und Vergleichssatz

50.
A, C, E, F, H

51.
b) prestissimo; **c)** benissimo; **d)** malissimo; **e)** pochissimo; **f)** moltissimo; **g)** spessissimo; **h)** rapidissimamente

52.
a) meglio; **b)** peggio; **c)** più; **d)** meno

53.
b) più delle; **c)** meno di; **d)** più tardi di; **e)** peggio di; **f)** più raramente di; **g)** meglio dell'; **h)** più spesso dei; **i)** più volentieri del

54.
b) Gianni suona il pianoforte meglio di tutti. **c)** Maria e Sergio viaggiano più raramente di tutti. **d)** Ida si annoia più di tutti.

55.
b) Anna reagisce così aggressivamente come Miriam. **c)** Noi andiamo tanto raramente in montagna quanto voi. **d)** Giorgia nuota così volentieri come le sue amiche. **e)** A scuola Lino è tanto bravo quanto sua sorella.

5. DIE PRONOMEN

Die Personalpronomen

56.
A, E, G, H, J;
a) io; **b)** tu; **c)** lui/lei/Lei; **d)** noi; **e)** voi; **f)** loro

57.
a) tu, **b)** lei, **c)** Lei, io; **d)** loro; **e)** voi, Noi

58.
b) d; **c)** i; **d)** d; **e)** i; **f)** d; **g)** d; **h)** i

59.
a) B, **b)** D; **c)** A; **d)** B, C, D; **e)** B, C, D; **f)** C; **g)** A; **h)** B

60.
a) vi; **b)** Lo; **c)** La; **d)** Ti; **e)** La; **f)** La; **g)** Li; **h)** mi

61.
a) Le; **b)** gli; **c)** Vi; **d)** Le; **e)** ti; **f)** gli; **g)** Le

62.
a) Le ha comprate Gianni al mercato.; **b)** L'ho comprato stamattina in salumeria.; **c)** L'ho preparata con un cetriolo e un peperone.; **d)** Li ho presi al negozio di alimentari.

63.
a) l'hai lasciato; **b)** le hai lasciate; **c)** li ho messi; **d)** l'ho vista

64.
A, D, F, H
a) Scusi, sa dirmi...; **b)** Devo prenderle...; **c)** posso telefonargli...; **d)** Non lo voglio disturbare...

65.
a) ci; **b)** ne; **c)** Ci; **d)** ne; **e)** ne; **f)** ci

66.
a) No, adesso non ci penso. **b)** Più tardi, adesso non ne ho voglia. **c)** No, ormai ci ho rinunciato. **d)** Sì, ne ho parlato con Sergio. **e)** Grazie, ma adesso non ne ho bisogno. **f)** Certo, ci potete contare sempre. / Certo, ci potete sempre contare.

67.
b) gliele, le + le; **c)** ce ne, ci + ne; **d)** Me l', mi + la; **e)** Ve la, vi + la

68.
b) Ce le fate vedere? **c)** Perché non gliela racconti? **d)** Ce ne sono ancora? **e)** Quando glieli mandi? **f)** Quando ve la presenta? **g)** Perché non te la metti? **h)** Gliele porti tu, domenica?

69.
a) Devi darmeli subito. **b)** Non gliela voglio prestare. **c)** Potresti portarcela domani. **d)** -; **e)** Non saprei dirtelo. **f)** -; **g)** Non se ne vuole occupare.

70.
a) loro; **b)** te, me; **c)** voi, lui; **d)** noi; **e)** te, se; **f)** Lei, me

Die Possessiva (aggettivi e pronomi possessivi)

71.
a) la mia, i miei; **b)** la tua, il tuo, i tuoi; **c)** il suo, la sua, le sue; **d)** il suo, la sua, i suoi; **e)** la nostra, il nostro, le nostre; **f)** il vostro, la vostra, i vostri; **g)** la loro, il loro, le loro

72.
b) il suo lavoro; **c)** la loro villetta; **d)** il loro gatto; **e)** le sue amiche; **f)** i suoi colleghi; **g)** i loro vicini; **h)** le loro figlie

73.
b) Mia; **c)** suo; **d)** Mio; **e)** I miei; **f)** la sua, la sua; **g)** mia, mio

74.
a) il mio collega e il suo figlio piccolo; **b)** i nostri vicini e la loro figlia carina; **c)** la tua amica e la sua madre simpatica; **d)** tua sorella e il suo secondo marito; **e)** il suo vecchio zio e la sua giovane moglie

75.
a) camera loro; **b)** La mia casa/Casa mia; **c)** colpa tua; **d)** parte mia; **e)** la mia macchina; **f)** vita sua; **g)** casa sua

76.
a) B, A; **b)** B, A

Die Demonstrativa (aggettivi e pronomi dimostrativi)

77.
a) queste; **b)** Questo; **c)** quest'; **d)** questi; **e)** Quest'; **f)** questa; **g)** Questi; **h)** questa

78.
a) quel; **b)** quell'; **c)** quello; **d)** quei; **e)** quegli; **f)** quella; **g)** quell'; **h)** quelle

79.
a) quell', Quello; **b)** quella, quella, Quella; **c)** quelle; **d)** quel

Die Indefinita (aggettivi e pronomi indefiniti)

80.
a) E, **b)** D, **c)** B, **d)** A, **e)** C

81.
a) tanta,; **b)** poca; **c)** molti; **d)** troppo; **e)** tanti; **f)** pochi

82.
b) ogni giorno; **h)** ogni sera

83.
a) tutti i sabati; **b)** tutta la frutta; **c)** tutte le amiche; **d)** tutti i mesi; **e)** tutto l'anno; **f)** tutte le lettere

84.
a) tutta; **b)** tutti; **c)** tutte

85.
a) nessun; **b)** Nessuno; **c)** nessuna/nessun'; **d)** nessun; **e)** nessuno; **f)** nessuna; **g)** Nessuno; **h)** nessuno

86.
a) qualcosa di bello; **b)** niente da fare; **c)** qualcosa di leggero; **d)** qualcosa da mangiare; **e)** niente da mettermi/mettere; **f)** qualcosa di elegante; **g)** niente di interessante; **h)** qualcosa da bere; **i)** niente di speciale/particolare

87.
b) Ho alcuni problemi con il computer. **c)** Con qualche collega vado molto d'accordo. **d)** Stasera esco con qualche collega. **e)** Alcune volte mi porto a casa del lavoro. **f)** Prima della pausa pranzo ho fatto qualche telefonata. **g)** Ieri sono andata ad un concerto con qualche cliente. **h)** Da qualche settimana la ditta ha problemi con i fornitori.

6. DIE ZEITEN DES INDIKATIVS

Das Präsens

88.
a) abito, ascolti, parlano, salutate, guarda; **b)** vediamo, rispondo, prendete, vive, metti; **c)** sentite, offrono, dorme, finisci, parto

89.
a) finisce; **b)** apre; **c)** preferisco; **d)** dormo; **e)** partiamo; **f)** preferiamo; **g)** capisci; **h)** apri

90.
a) (tu) studi, (noi) studiamo, (loro) studiano; **b)** (tu) scii, (noi) sciamo, (loro) sciano; **c)** (tu) paghi, (noi) paghiamo, (loro) pagano; **d)** (tu) giochi, (noi) giochiamo, (loro) giocano; **e)** (tu) conosci, (noi) conosciamo, (loro) conoscono; **f)** (tu) leggi, (noi) leggiamo, (loro) leggono

91.
a) ha; **b)** siete; **c)** sono; **d)** abbiamo; **e)** sei; **f)** avete; **g)** hanno; **h)** sono

92.
a) c'è, **b)** ci sono; **c)** sono; **d)** c'è; **e)** c'è; **f)** è; **g)** è; **h)** Ci sono

93.
a) facciamo; **b)** bevete; **c)** dobbiamo; **d)** deve; **e)** state; **f)** dà; **g)** vuole; **h)** dai; **i)** voglio; **j)** uscite; **k)** esce; **l)** faccio; **m)** sto; **n)** dico; **o)** dite; **p)** bevono

94.
a) andiamo, vieni, vado; **b)** vado, vado; **c)** viene, viene; **d)** Vengono, vengono; **e)** Venite, andiamo; **f)** Venite, veniamo

95.
a) sanno; **b)** posso; **c)** potete; **d)** sa; **e)** sai; **f)** puoi; **g)** so; **h)** può; **i)** sappiamo

96.
a) mi piace l'inverno. **b)** Mi piace la cucina italiana, ma non mi piacciono gli gnocchi. **c)** Mi piace lo sport, ma non mi piacciono il jogging e il tennis. **d)** Mi piace la verdura, ma non mi piacciono gli spinaci. **e)** Mi piacciono i balli sudamericani, ma non mi piace la salsa.

97.
a) tiene (lui); **b)** rimangono (loro), rimane (lui); **c)** spegnete (voi), spengo (io); **d)** producono (loro), produce (lui); **e)** propongo (io), proponi (tu); **f)** scegliamo (noi), scelgono (loro); **g)** salgono (loro), sale (lui)

98.
a) produce; **b)** spegnete; **c)** tiene; **d)** sale; **e)** scelgono; **f)** propongo; **g)** rimangono

99.
a) Hai bisogno di; **b)** ci vogliono; **c)** impiega; **d)** ci vuole; **e)** mi serve; **f)** ci vuole; **g)** mi servono; **h)** impieghi

100.
a) te ne, va, ce ne, andate, se ne; **b)** me la, prendi, se la, ce la, prendete, se la; **c)** faccio, ce la, fa, facciamo, ce la, fanno

101.
a) ce la faccio; **b)** Se la prende; **c)** se ne va; **d)** ce la fai; **e)** me ne vado; **f)** te la prendi

Das Passato prossimo

102.
a) A, B; **b)** C, D; **c)** C; **d)** C, D; **e)** A, **f)** B; **g)** A, B; **h)** D

103.
b) detto, dire; **c)** fatto, fare; **d)** letto, leggere; **e)** messo, mettere; **f)** scritto, scrivere; **g)** visto, vedere; **h)** venuto, venire; **i)** speso, spendere; **j)** aperto, aprire; **k)** chiesto, chiedere; **l)** risposto, rispondere; **m)** deciso, decidere; **n)** discusso, discutere; **o)** morto, morire; **p)** nato, nascere; **q)** successo, succedere; **r)** rimasto, rimanere

104.
a) siamo andate/siamo andati; **b)** è andata, ho fatto; **c)** ha guardato, sono andati, hanno incontrato; **d)** sono rimasti, hanno lavorato

105.
a) abbiamo comprato, è costata; **b)** ho fatto, è piovuto/ha piovuto; **c)** siamo stati, ha fatto; **d)** è durato, è stato; **e)** ho preparato, sono bastati; **f)** ha dato, è servito; **g)** ha sciato, è andata, ha nuotato

106.
a) la protagonista femminile, mi sono piaciuti i dialoghi, mi sono piaciuti i giovani attori; **b)** Non mi è piaciuto il protagonista maschile, non mi è piaciuta la sala, non mi sono piaciute le musiche

107.
b) hanno terminato; **c)** è finita; **d)** hai cambiato; **e)** avete cominciato; **f)** è cambiata; **g)** ha iniziato **h)** ha finito; **i)** è finito; **j)** sono cambiate; **k)** è iniziata

108.
a) fatta; **b)** ce l'ha fatta; **c)** ce l'hai fatta; **d)** presa; **e)** me la sono presa; **f)** te la sei presa; **g)** andati; **h)** te ne sei andata; **i)** me ne sono andato/andata

109.
b) Nora è voluta partire presto. **c)** Donato è dovuto andare in ufficio. **d)** Avete potuto incontrare Paola? **e)** Non siamo potuti andare in vacanza. **f)** Sabato sera non sono voluta uscire. **g)** Abbiamo dovuto fare benzina. **h)** Simona è voluta venire a piedi.

Das Imperfetto

110.
a) giocavi, giocava, giocavate, giocavano; **b)** avevo, aveva, avevamo, avevano; **c)** sentivo, sentivi, sentivamo, sentivate

111.
a) D, **b)** F, **c)** E, **d)** B, **e)** A, **f)** C

112.
essere: ero, eri, era, eravamo, eravate, erano; **bere:** bevevo, bevevi, beveva, bevevamo, bevevate, bevevano; **dare:** davo, davi, dava, davamo, davate, davano; **dire:** dicevo, dicevi, diceva, dicevamo, dicevate, dicevano; **fare:** facevo, facevi, faceva, facevamo, facevate, facevano; **stare:** stavo, stavi, stava, stavamo, stavate, stavano

113.
a) proponevano; **b)** producevi; **c)** attraevate; **d)** producevano; **e)** attraeva; **f)** proponevo; **g)** attraevano; **h)** proponevate; **i)** producevamo; **j)** proponeva

114.
a) passavo; **b)** Avevano; **c)** piaceva, potevo, c'erano; **d)** era, portava, andava; **e)** erano, vedevo, potevo; **f)** piaceva, era

115.
a) esistevano; **b)** era; **c)** viaggiava; **d)** costavano; **e)** pagava; **f)** ballavano; **g)** parlava

116.
a) F, **b)** D, **c)** E, **d)** A, **e)** G, **f)** C, **g)** B

117.
a) volevo; **b)** volevo, ha voluto; **c)** volevamo; **d)** volevo

118.
b) Lunedì mattina, mentre andavo al lavoro, sono rimasto senza benzina. **c)** Martedì, mentre correvo per prendere il tram, ho perso il portafoglio. **d)** Mercoledì, mentre facevo ginnastica, mi sono fatto male alla schiena. **e)** Giovedì, mentre scendevo le scale, sono caduto e ho rotto l'orologio. **f)** Venerdì, mentre tornavo a casa a piedi, ha/è cominciato a piovere forte. **g)** Sabato, mentre riposavo un po', il vicino ha iniziato a suonare la batteria. **h)** Sabato sera, mentre guardavo la tivù, c'è stato un blackout.

119.
a) conoscevo, **b)** Ho conosciuto; **c)** Abbiamo saputo; **d)** sapevamo; **e)** ho avuto; **f)** aveva

120.
a) Ho conosciuto; **b)** lavoravamo; **c)** facevo, lavorava; **d)** ho visto; **e)** Era, faceva; **f)** dovevo; **g)** sono entrato, c'era; **h)** Era, sembrava; **i)** si è accorta, guardavo, è arrossita, ha continuato; **j)** ho invitata; **k)** ha accettato, abbiamo cominciato; **l)** Ci siamo fidanzati, ci siamo sposati

Das Passato remoto

121.

a) andai, andasti, andò, andammo, andaste, andarono; **b)** dovei/dovetti, dovesti, dové/dovette, dovemmo, doveste, doverono/dovettero; **c)** finii, finisti, finì, finimmo, finiste, finirono

122.

a) fu; **b)** ebbe; **c)** ebbero; **d)** fummo; **e)** ci furono; **f)** avemmo; **g)** ebbi

123.

a) venni, io; **b)** fecero, loro; **c)** disse, lui/lei/Lei; **d)** stettero, loro; **e)** diede, lui/lei/Lei; **f)** nacque, lui/lei/Lei; **g)** piacque, lui/lei/Lei; **h)** vollero, loro; **i)** risposi, io; **j)** conobbe, lui/lei/Lei; **k)** decisi, io; **l)** crebbe, lui/lei/Lei; **m)** successero, loro; **n)** vinsero, loro; **o)** piovve, lui/lei/Lei; **p)** seppi, io

124.

a) fu, nacque; **b)** frequentava, faceva; **c)** diede, si mise; **d)** presentò, finì; **e)** fu; **f)** proposero, preferì; **g)** costruì; **h)** morì

Das Trapassato prossimo

125.

a) mangiato; **b)** rimasto; **c)** andata; **d)** ricevuto; **e)** giocato; **f)** usciti; **g)** corso; **h)** divertite

126.

a) era partito; **b)** avevano trovato; **c)** avevi parlato; **d)** aveva perso; **e)** avevamo prenotato; **f)** avevamo ballato; **g)** era uscita

127.

b) mi sono accorto, avevo; **c)** avevo dimenticato; **d)** Ho lasciato, sono corso; **e)** erano; **f)** avevo messe; **g)** avevo perse; **h)** Sono tornato, ho fatto, c'erano; **i)** mi sono svegliato, avevo fatto

Das Futur I (futuro semplice)

128.

a) troverai (tu), preparerò (io), suonerete (voi), cambieranno (loro), porterà (lui/lei/Lei); **b)** metterà (lui/lei/Lei), succederanno (loro), risponderai (tu), riceverete (voi), scriveremo (noi); **c)** sentirete (voi), usciremo (noi), finirà (lui/lei/Lei), capirò (io), preferiranno (loro)

129.

a) mancherò, **b)** rimarrete, **c)** mangeremo; **d)** comincerò; **e)** verrai; **f)** navigherà; **g)** andrà; **h)** vorremo; **i)** cercherai; **j)** sapranno; **k)** terrò; **l)** vedrò; **m)** pagherà; **n)** potrete; **o)** dovranno; **p)** scierai

130.

a) diremo; **b)** sarà; **c)** darò; **d)** starete

131.

a) dovrò; **b)** andremo; **c)** sarà; **d)** inizieranno; **e)** partiremo; **f)** si sposerà

132.

a) C, **b)** D, **c)** A, **d)** E, **e)** B

a) Avrà; **b)** Ci vorranno; **c)** Sarà; **d)** Mancherà; **e)** Dormiranno

Das Futur II (futuro anteriore)

133.

a) finito, uscita; **b)** finito, uscito; **c)** finito, uscite; **d)** finito, usciti

134.

b) avrai telefonato; **c)** avremo scritto; **d)** avrete spedito; **e)** avrò offerto; **f)** si sarà sposato; **g)** avranno bevuto; **h)** sarà partita

135.

a) avrà avuto/avrà ottenuto; **b)** avranno deciso; **c)** avrà consegnato; **d)** sarà riuscita; **e)** si sarà innamorato; **f)** avrà ottenuto/avrà avuto

136.

a) mia nipote si sarà laureata; **b)** noi avremo ristrutturato la casa; **c)** io avrò perso dieci chili; **d)** sarà nata la nostra terza figlia; **e)** mio nipote avrà finito lo stage; **f)** la mia amica si sarà sposata

137.

a) passerò; **b)** partirà, avrà fatto; **c)** arriverete, saremo già partiti; **d)** Andremo; avrà smesso; **e)** Saremo, si saranno sistemati

7. DER KONDITIONAL

Der Konditional I (condizionale presente)

138.

a) cambierebbero, porteremmo, visiterebbe, guarderei, mangerebbero; **b)** metterebbe, scriveresti, riceverei, venderemmo, leggereste; **c)** reagiresti, sentireste, usciremmo, preferirei, capirebbe

139.

a) darei; **b)** diresti; **c)** starebbe; **d)** saremmo; **e)** fareste; **f)** avrebbero

140.

b) sarei (io); **c)** pagheremmo (noi); **d)** vivrei (io); **e)** sapresti (tu); **f)** rimarrebbe (lui); **g)** vedresti (tu); **h)** comincerebbero (loro)

141.

b) Ragazzi, ci potreste fare un favore? **c)** Avresti voglia di uscire stasera? **d)** Ti consiglierei di andare dal medico. **e)** Mi aiuteresti a organizzare la festa? **f)** Ti andrebbe di fare una passeggiata?

142.

a) faremmo; **b)** piacerebbe; **c)** imparerebbe; **d)** verremmo; **e)** vorrebbero; **f)** cambierebbe; **g)** desidererei

Der Konditional II (condizionale passato)

143.

a) A, B; **b)** C, D; **c)** D; **d)** C, D; **e)** B; **f)** B; **g)** A; **h)** A, B; **i)** C; **j)** A, B

144.

b) avrebbe lavorato; **c)** saremmo rimasti; **d)** avrebbe voluto; **e)** avrebbe preferito; **f)** sarebbe piaciuto; **g)** avremmo comprato; **h)** avrebbero preferito; **i)** avrebbe desiderato

145.

a) Secondo me non avrebbero dovuto sposarsi/non si sarebbero dovuti sposare. **b)** Io avrei lasciato Carlo da tempo. **c)** Io non mi sarei mai messo/messa con una donna come Giulia. **d)** Prima di separarmi, io sarei andato/andata da uno psicologo di coppia.

8. DER IMPERATIV

Der bejahte Imperativ

146.

b) entrare, (Lei); **c)** tenere (Lei); **d)** sentire (Lei); **e)** aprire (tu); **f)** venire (tu); **g)** lasciare (Lei); **h)** rilassarsi (tu); **i)** rispondere (tu); **j)** stare (tu); **k)** venire (Lei); **l)** calmarsi (Lei); **m)** tenere (tu), **n)** prendere (Lei); **o)** studiare (tu); **p)** credere (Lei)

147.

a) Stia; **b)** Dica; **c)** Abbia; **d)** Sappia; **e)** Faccia; **f)** Vada; **g)** dia; **h)** Sia

148.

a) studiate; **b)** scusate; **c)** abbiate; **d)** siate; **e)** sappiate; **f)** cercate

Der verneinte Imperativ

149.

a) Non aspetti...; **b)** Non venga...; **c)** Non dimentichi...; **d)** Non faccia...; **e)** Non dica...; **f)** Non mangi...; **g)** Non esca...

150.

a) Non dimenticate...; **b)** Non rimaniamo...; **c)** Non tornate...; **d)** Non bevete...; **e)** Non dormiamo...; **f)** Non fumate...; **g)** Non andiamo...; **h)** Non mangiate...

Der Imperativ mit Pronomen

151.

a) aspettami, dimmelo, scrivici, dammeli, accomodati, muoviti, scrivimelo, ringraziali, prendine; **b)** lo prenda, ci aiuti, li compri, la controlli, mi ascolti, si rilassi, la prenoti, lo spenga, ci vada

152.

b) vacci; **c)** La scriva; **d)** se ne occupi; **e)** glielo dica; **f)** Telefonale; **g)** preparatela; **h)** prendiamoli

153.

B: Non farlo! **D:** Non alzatevi troppo tardi! **E:** Non andiamoci subito! **G:** Non muoverti! **H:** Non ditelo!

9. DER KONJUNKTIV (CONGIUNTIVO)

Der Congiuntivo presente

154.

a) salutare: saluti (io, tu, lui/lei/Lei), salutiamo (noi), salutiate (voi), salutino (loro); **b) mettere:** metta (io, tu, lui/lei/Lei), mettiamo (noi), mettiate (voi), mettano (loro); **c) dormire:** dorma (io, tu, lui/lei/Lei), dormiamo (noi), dormiate (voi), dormano (loro)

155.

a) capisca; **b)** si riuniscano; **c)** ci riuniamo; **d)** preferiate; **e)** spedisca; **f)** chiarisca

156.

a) cerchiate; **b)** vada; **c)** paghino; **d)** scegliate; **e)** possa; **f)** esca; **g)** faccia; **h)** rimangano; **i)** stiamo; **j)** studi

157.

a) dica, tenga, beva, salga; **b)** rimanga, vada

158.

a) abbia (io, tu, lui/lei/Lei), abbiano (loro); **b)** siano (loro), sia (io, tu, lui/lei/Lei); **c)** diate (voi), dia (io, tu, lui/lei/Lei); **d)** debba (io, tu, lui/lei/Lei), dobbiate (voi); **e)** sappia (io, tu, lui/lei/Lei), sappiate (voi); **f)** stiate (voi), stiano (loro)

159.

bC, **c**I, **d**I, **e**C, **f**I, **g**C, **h**C, **i**C, **j**C, **k**C, **l**C, **m**I, **n**C, **o**C, **p**C, **q**I, **r**C

160.

a) debba; **b)** tu possa; **c)** tu rimanga; **d)** è; **e)** sia; **f)** faccia; **g)** sono; **h)** devo

Der Congiuntivo passato

161.

a) A, B; **b)** C, D; **c)** D; **d)** C, D; **e)** B, **f)** A, **g)** A, B; **h)** C

162.

b) che si sia laureata; **c)** che siano rimasti a casa; **d)** abbia fatto i compiti/li abbia fatti; **e)** che sia arrivato; **f)** che abbiano divorziato; **g)** che abbiano litigato; **h)** che non sia andata a Londra/che non ci sia andata; **i)** che abbia già compiuto vent'anni.

163.

a) abbia trovato; **b)** è piaciuto; **c)** abbiano sentito; **d)** è aumentato; **e)** siano andati; **f)** hai lavorato; **g)** sia già cominciato; **h)** siate venuti; **i)** hanno ballato

Der Congiuntivo imperfetto

164.

a) andassi (tu), andasse (lui/lei/Lei), andassimo (noi), andaste (voi) andassero (loro); **b)** avessi (io), avesse (lui/lei/Lei), avessimo (noi), aveste (voi), avessero (loro); **c)** sentissi (io) sentissi (tu), sentissimo (noi), sentiste (voi), sentissero (loro)

165.
b) mettessi; **c)** aprisse; **d)** uscissi; **e)** vedessi; **f)** cercassi; **g)** dovesse; **h)** finissi; **i)** pagassi; **j)** volesse; **k)** aspettassimo; **l)** prendessero; **m)** offriste; **n)** leggessero; **o)** sapeste; **p)** potessero; **q)** capissimo; **r)** seguissero; **s)** veniste; **t)** tenessero

166.

F	O	S	S	I	M	O	A	B	C	D	S	E
A	F	D	G	H	I	L	M	N	O	P	T	Q
C	B	E	V	E	S	T	E	R	S	T	E	U
E	V	S	C	O	N	D	U	C	E	S	S	I
S	Z	S	X	D	I	C	E	S	S	E	S	I
S	A	I	B	C	D	E	F	G	L	M	I	N
E	P	R	O	P	O	N	E	S	S	I	M	Z
D	I	S	T	R	A	E	S	T	E	H	O	A
P	R	O	D	U	C	E	S	S	E	R	O	I

a) fossimo (noi); **b)** beveste (voi); **c)** dessi (io/tu); **d)** dicesse (lui/lei/Lei); **e)** facesse (lui/lei/Lei); **f)** stessimo (noi); **g)** producessero (loro); **h)** proponessi (io/tu); **i)** distraeste (voi); **j)** conducessi (io/tu)

167.
a) foste; **b)** stessero; **c)** produceste; **d)** dessimo; **e)** facesse

168.
a) piacesse; **b)** dovevo; **c)** andassero; **d)** capissero; **e)** era; **f)** fossi; **g)** potesse; **h)** trovassimo

Der Congiuntivo trapassato

169.
a) letto; **b)** ammalato; **c)** arrivata, **d)** finito; **e)** proposto; **f)** venuti; **g)** divertite; **h)** salutato

170.
Congiuntivo passato: abbia fatto, sia venuta, siate arrivate, abbiamo nuotato, siano nati, sia passata, abbiate finito, mi sia annoiato; **Congiuntivo trapassato:** fossi partito, avessero discusso, aveste mangiato, fossimo partiti, avessimo camminato, ci fossimo divertiti, foste uscite, avessero cenato

171.
b) che si fosse diplomata; **c)** che fossero rimaste a casa; **d)** che avesse già cenato; **e)** che avesse studiato molto; **f)** che avessero litigato; **g)** che non avesse fatto lo stage/che non lo avesse fatto; **h)** che avesse già finito gli studi/che li avesse già finiti; **i)** che fossero partiti presto

172.
b) fosse; **c)** avesse; **d)** aveva; **e)** aveva; **f)** avesse; **g)** fosse; **h)** fossero

Die Zeitenfolge beim Congiuntivo

173.
a) A, D, F; **b)** B, C, E

174.
b) N, **c)** N, **d)** G, **e)** G, **f)** V, **g)** G, **h)** V

175.
a) l'anno prossimo; **b)** oggi; **c)** due giorni fa; **d)** un giorno; **e)** qualche ora fa; **f)** a quest'ora; **g)** domani

176.
a) stesse male; **b)** Pensavo che i vicini fossero usciti. **c)** Era improbabile che i miei genitori sarebbero ritornati in Italia. **d)** Temevo che fosse successo qualcosa a Marta. **e)** Non credevo che Mario sarebbe partito senza di te. **f)** Credevo che il navigatore fosse indispensabile. **g)** Non era sicuro che Elisa potesse fare lo stage in Inghilterra. **h)** Era possibile che Giorgio avesse finito il lavoro.

10. DIE VERBEN

Die reflexiven Verben

177.
b) ci; **c)** si; **d)** ti; **e)** si; **f)** ti; **g)** vi; **h)** si; **i)** mi; **j)** si; **k)** vi; **l)** ci

178.
a) addormentarsi; **b)** sposarsi; **c)** cambiare; **d)** litigare; **e)** fermarsi; **f)** alzarsi; **g)** chiamarsi; **h)** ammalarsi; **i)** svegliarsi

179.
a) mi vesto, ti scusi, vi accorgete; **b)** si separeranno, si innamorerà, ci riconosceremo; **c)** ci incontravamo, si rilassava, vi alzavate; **d)** si trasferirebbe, si rivedrebbero, ti sveglieresti; **e)** lavati, riposatevi, fermiamoci

180.
a) si è alzata, si è lavata, si è vestita, si è fatta, si è comprata, è andata; **b)** si è laureato, si è trasferito, ha conosciuto, si sono innamorati, si sono sposati

181.
b) si erano divertiti; **c)** si era svegliata; **d)** si erano conosciute; **e)** si sarebbe annoiato; **f)** si sarebbero organizzati; **g)** si sarebbe addormentata; **h)** si sarebbero abbracciate; **i)** si sarà diplomato; **j)** si saranno occupati; **k)** si sarà fermata; **l)** si saranno salutate

182.
b) ha voluto trasferirsi; **c)** abbiamo potuto fermarci; **d)** avrebbe dovuto occuparsi; **e)** ha voluto iscriversi

Die unpersönliche Form "si"

183.
b) si cerca, **c)** si fa; **d)** si danno; **e)** si fanno; **f)** si preparano; **g)** si chiudono; **h)** si controlla

184.
b) si è riposati; **c)** si è abbronzati; **d)** si è sfiniti; **e)** si è rilassati; **f)** si è allegri

185.
a) si vedono le cose con altri occhi; **b)** Quando si è stressati, ci si sente spesso stanchi. **c)** Quando si è nonni, ci si occupa volentieri dei nipoti. **d)** Quando si diventa padri, si impara ad essere pazienti. **e)** Quando si è giovani, non ci si preoccupa di tante cose.

186.
a) ci si sposa; **b)** si preferisce; **c)** si dà; **d)** si offre; **e)** si regala

187.
a) C, **b)** A, **c)** B, **d)** C, **e)** B

188.
b) Si è bevuto molto. **c)** Si è partiti presto. **d)** Si è arrivati tardi. **e)** Ci si è divertiti. **f)** Non ci si è mai annoiati. **g)** Si è riso tanto.

Das Passiv

189.
A, D, E, F

190.
a) La nuova serie televisiva viene guardata da tanta gente. **b)** Il quotidiano "La Gazzetta dello Sport" è letto da tante persone. **c)** I mondiali di calcio sono stati seguiti da milioni di spettatori. **d)** Il concerto di Capodanno è stato trasmesso in tutta Europa. **e)** Le corse di formula uno sono sponsorizzate da vari finanziatori.

191.
a) cotti, G; **b)** state tagliate, H; **c)** farcite, J; **d)** state fatte, F; **e)** riscoperta, C; **f)** servito, I; **g)** vendute, B; **h)** stati fatti, D; **i)** marinata, A; **j)** stato stagionato, E

192.
c) Le zucchine saranno farcite. **e)** La ricetta venne riscoperta anni fa. **f)** Il vino era servito molto fresco. **g)** Le pere non sarebbero più vendute. **i)** Credo che la carne sia marinata.

193.
a) viene/è organizzato; **b)** viene/è visitato; **c)** è stato ampliato; **d)** è stato costruito; **e)** vengono/sono ristrutturati; **f)** viene/verrà/è/sarà rifatta

194.
A, B, D, E, G, I

Lösungen

Das Gerundium (gerundio)

195.

A	S	B	P	R	O	P	O	N	E	N	D	O	G
U	A	D	I	C	E	N	D	O	G	U	O	D	U
S	P	O	I	D	O	F	L	H	B	O	V	A	A
C	E	R	C	A	N	D	O	I	E	T	E	N	R
E	N	M	L	M	N	O	D	P	V	A	N	D	D
N	D	E	Q	R	Z	F	A	C	E	N	D	O	A
D	O	N	S	T	F	I	N	E	N	D	O	U	N
O	V	D	S	T	A	N	D	O	D	O	A	B	D
C	V	O	L	E	N	D	O	X	O	R	C	M	O
A	N	D	A	N	D	O	V	I	V	E	N	D	O

a) dicendo, dire - cercando, cercare - facendo, fare - finendo, finire - stando, stare - volendo, volere - andando, andare - vivendo, vivere; **b)** uscendo, uscire - sapendo, sapere - dormendo, dormire - lodando, lodare - bevendo, bere - nuotando, nuotare - dovendo, dovere - dando, dare - guardando, guardare

196.

a) D, **b)** E, **c)** B, **d)** F, **e)** A, **f)** C

197.

b) ti stai occupando; **c)** ci stiamo rilassando; **d)** si sta alzando; **e)** si stanno divertendo; **f)** vi state preparando

198.

b) Gli sto scrivendo; **c)** Li stiamo cercando; **d)** le sta pulendo; **e)** Le sto mettendo; **f)** Li sto stirando; **g)** Li sto facendo

199.

a) Quando hai telefonato, stavo facendo la coda al supermercato. **b)** Quando siete arrivati, Sandra stava ancora dormendo/ Sandra stava dormendo ancora. **c)** Quando mi sono svegliata, gli altri stavano facendo colazione. **d)** Stavamo cenando quando è successo l'incidente.

200.

a) A, **b)** B, **c)** B, **d)** B

201.

b) avendo lavorato; **c)** avendo letto; **d)** avendo comprato; **e)** essendo uscito; **f)** essendosi lavati; **g)** essendo nata; **h)** essendosi vestite

202.

B: Avendo dormito poco...; **D:** Essendo cresciute in Austria...; **F:** Non avendo fatto i compiti...; **G:** Avendo studiato molto...; **H:** Essendomi rotta la gamba...

Der Infinitiv

203.

a) - ; **b)** di; **c)** a; **d)** di; **e)** di; **f)** a; **g)** - ; **h)** a; **i)** di

204.

a) per; **b)** invece di/al posto di; **c)** niente da; **d)** senza; **e)** da; **f)** prima di; **g)** da; **h)** da

205.

a) A, C; **b)** B, C; **c)** A, B

206.

a) Preferisco; **b)** Il nonno crede; **c)** Speriamo; **d)** Non ci piace; **e)** Cerchiamo; **f)** Era brava; **g)** Mi piacerebbe

207.

a) venduto; **b)** letto; **c)** comprato; **d)** state; **e)** stata; **f)** sbagliato

208.

b) Dopo essere tornati a casa, siamo andati subito a letto. **c)** Dopo essere andata dal parrucchiere, ho fatto la spesa. **d)** Sono andata a letto dopo aver letto il giornale./ Dopo aver letto il giornale, sono andata a letto. **e)** Dopo esserci riposati un po', siamo andati a mangiare.

11. DER SATZ

Die Satzstellung im Aussage- und Nebensatz

209.
Lösungsvorschläge: **a)** Marta ha scritto una mail alla sua collega. **b)** Due giorni fa Natale ha risposto alla mia lettera./ Natale ha risposto alla mia lettera due giorni fa. **c)** Ho un appuntamento al bar. **d)** Domani c'è una riunione importante in comune./ Domani, in comune, c'è una riunione importante./In comune c'è una riunione importante, domani. **e)** Da qualche giorno il nonno non sta bene./ Il nonno non sta bene da qualche giorno. **f)** Giuseppe Verdi è morto a Milano nel 1901. **g)** Ieri Carlo e Maria sono andati a Napoli in treno. **h)** Vi aspettiamo davanti al cinema tra mezz'ora./Tra mezz'ora vi aspettiamo davanti al cinema.

210.
a) lo; **b)** l'ho conosciuta; **c)** lo; **d)** li ha scritti; **e)** le ho portate

211.
a) Domenica vado in montagna, anche se ho molto lavoro. **b)** Siccome ho dormito troppo poco, adesso ho mal di testa. **c)** Non faccio il fegato alla veneziana, perché Luca non mangia cipolle. **d)** Ho conosciuto Franco mentre facevo la spesa al supermercato. **e)** Lisa è arrabbiata, perché Giorgio ha raccontato a tutti la loro storia. **f)** Franco vuole andare in montagna, anche se non può camminare.

Die Satzstellung im Fragesatz

212.
c) Sono soddisfatti, i clienti? **d)** Ti è piaciuto, il regalo? **f)** È arrivata, la lettera?

213.
a) A che ora parte il treno?/Il treno a che ora parte? **b)** Che cosa hai comprato da bere?/ Da bere che cosa hai comprato? **c)** Dove sono i miei occhiali?/I miei occhiali dove sono? **d)** Chi c'era alla festa?/Alla festa chi c'era? **e)** Come stanno i tuoi genitori?/I tuoi genitori come stanno?

214.
a) la; **b)** le hai messe; **c)** le; **d)** l'hai già letto; **e)** li; **f)** l'hai già raccontata; **g)** li hai presi; **h)** le avete già lavate

215.
a) Chi; **b)** Di dove; **c)** Con che cosa; **d)** Che; **e)** Quando; **f)** Come; **g)** Perché; **h)** A chi; **i)** Da quando; **j)** Che; **k)** Per chi

216.
a) Qual; **b)** Quali; **c)** A quali; **d)** Con quale; **e)** Quale; **f)** Con quali; **g)** In quale; **h)** Di quale

217.
a) Quanti; **b)** Quanti anni hanno; **c)** Per quante; **d)** Quanto costa; **e)** Quante; **f)** Quanto costano; **g)** Quanto tempo; **h)** Quanta; **i)** Con quante; **j)** A quante

Die Verneinung

218.
a) A, **b)** BI, **c)** B, **d)** B, **e)** A, **f)** A, **g)** B, **h)** B

219.
a) Oggi non esco. **b)** Non ho tempo. **c)** Luigi non ha voglia di leggere. **d)** Eva non vuole andare a letto. **e)** Non abbiamo figli/bambini. **f)** Adesso non ho fame. **g)** Gianni non è stanco.

220.
a) H, **b)** E, **c)** F, **d)** B, **e)** G, **f)** A, **g)** C, **h)** D

221.
a) Oggi non ho ancora letto il giornale. **b)** A Natale non ho regalato niente a Stefano. **c)** Questa mattina non ho incontrato nessuno. **d)** Anna non ha ancora telefonato. **e)** Purtroppo non ho più potuto parlare con Maria./Purtroppo non ho potuto più parlare con Maria. **f)** Quest'anno non siamo mai stati a teatro./Quest'anno non siamo stati mai a teatro. **g)** Non siamo ancora mai stati negli Stati Uniti. **h)** Oggi non ho ancora mangiato niente./Oggi non ho mangiato ancora niente.

Der Relativsatz

222.
a) das; **b)** die; **c)** die; **d)** den; **e)** der; **f)** die; **g)** die; **h)** das

223.
a) C, **b)** G, **c)** E, **d)** A, **e)** H, **f)** B, **g)** D, **h)** F

224.
b) Sabrina è la donna per la quale il capufficio ha divorziato. **c)** Il Mulino è il locale nel quale ho festeggiato il mio pensionamento. **d)** Rivoli è il posto dal quale vi ho mandato le foto con i colleghi. **e)** Letizia è una ragazza alla quale piace scherzare con tutti. **f)** Vinicio è un tipo del quale tutte le ragazze s'innamorano. **g)** Sandro è il collega, il quale è diventato padre un mese fa. **h)** Fabio è una persona sulla quale si può contare.

225.
a) per chi; **b)** Chi; **c)** a chi; **d)** con chi; **e)** tra chi, chi; **f)** di chi; **g)** Chi; **h)** da chi

226.
a) Chi; **b)** ciò che; **c)** con chi; **d)** per ciò che; **e)** ciò che; **f)** Chi; **g)** a ciò che

227.
a) F, **b)** C, **c)** B, **d)** A

228.
a) abbia mai avuto; **b)** consiglio; **c)** piaccia; **d)** piace; **e)** possa; **f)** dà; **g)** abbia avuto; **h)** ha; **i)** conosca

Der Bedingungssatz

229.
A, C, F, G

230.
a) finisco; **b)** fossi; **c)** andassi; **d)** facesse; **e)** leggete; **f)** potessimo; **g)** preferisci; **h)** portassi

231.
b) Se avessimo avuto tempo, saremmo andati/andate a Parigi. **c)** Avrei comprato una macchina più grande, se avessi avuto i soldi. **d)** Avresti finito prima, se ti avessimo dato una mano. **e)** Se non ci fosse stata Silvana, non avremmo saputo cosa fare.

232.
A, C, F, H

233.
a) cambieremo; **b)** sarei; **c)** faremo; **d)** saresti; **e)** sarebbe; **f)** chiamo; **g)** avrebbe; **h)** potresti

12. DIE INDIREKTE REDE

Der Aussagesatz

234.
a) A, C, E; **b)** B, D, F

235.
b) la vedeva da tanti anni; **c)** è diventata una donna attraente; **d)** sono andati a bere un caffè; **e)** si sono raccontati la loro vita; **f)** fa la consulente aziendale; **g)** domani parte per il Brasile; **h)** forse gli telefonerà; **i)** se non lo fa lei, lo farà lui.

236.
a) aveva incontrato; **b)** la vedeva; **c)** era diventata; **d)** erano andati; **e)** si erano raccontati; **f)** faceva; **g)** sarebbe partita; **h)** avrebbe telefonato; **i)** avrebbe fatto

237.
a) B, **b)** B, **c)** B, **d)** B

Die Frage und die Aufforderung

238.
b) se voglio un caffè; **c)** quanti giorni rimango qui; **d)** se andrò anche dagli zii di Roma; **e)** se ritornerò anche l'anno prossimo; **f)** se mi piacerebbe andare al mare con lui

239.
a) avevo fatto; **b)** volevo; **c)** rimanevo; **d)** sarei andato; **e)** sarei ritornato; **f)** sarebbe piaciuto

240.
a) allora; **b)** quella mattina; **c)** ieri sera; **d)** domani; **e)** l'anno seguente; **f)** quel giorno; **g)** due mesi prima; **h)** oggi; **i)** il giorno prima; **j)** il giorno dopo

241.
b) di non fumare; **c)** mi dice/diceva di applicarmi di più; **d)** mi dice/diceva di lasciarla in pace. **e)** Datemi; **f)** Non fate tanto chiasso! **g)** Non correte! **h)** Non toccare niente!

13. KONJUNKTIONEN

242.
a) e; **b)** se; **c)** quando; **d)** Allora; **e)** se; **f)** da quando; **g)** perché; **h)** ma/però; **i)** o/oppure; **j)** Allora; **k)** o domani o dopodomani; **l)** Quando

243.
a) durante; **b)** Mentre; **c)** mentre; **d)** durante; **e)** mentre

244.
a) Appena/Dopo che; **b)** dopo che; **c)** finché; **d)** Siccome; **e)** anche se; **f)** Prima di; **g)** senza

245.
a) dico; **b)** fosse; **c)** abbia; **d)** sia; **e)** sono; **f)** sentisse; **g)** posso; **h)** se ne siano accorti

14. PRÄPOSITIONEN

246.
a) a; **b)** in; **c)** in; **d)** in; **e)** da; **f)** dal; **g)** dal; **h)** in; **i)** al; **j)** alla/in; **k)** alla/in; **l)** al; **m)** in; **n)** al; **o)** a; **p)** al; **q)** in; **r)** in; **s)** al; **t)** in; **u)** in; **v)** a; **w)** in; **x)** al

247.
B, E, G, H

248.
a) accanto/vicino alla biblioteca; **b)** di fronte al teatro; **c)** Vicino alla posta; **d)** lontano da qui; **e)** in fondo a Corso Bramante; **f)** A destra del parco; **g)** a sinistra della stazione

249.
a) B, **b)** A, **c)** B, **d)** A, **e)** A, **f)** B, **g)** A, **h)** B, **i)** A, **j)** B, **k)** B

250.
a) sera; **b)** viscosa; **c)** poliestere; **d)** uomo; **e)** cristallo

251.
a) di, a, a, da; **b)** di; **c)** fa; **d)** della; **e)** da; **f)** di; **g)** Fra

252.
a) B, **b)** A, **c)** B, **d)** B

15. DIE ZAHLEN

Die Grundzahlen

253.
a) sedici; **b)** due; **c)** cinque; **d)** tre; **e)** undici; **f)** diciotto; **g)** diciannove; **h)** nove; **i)** sette; **j)** sei

254.
uno, quattro, otto, dieci, dodici, tredici, quattordici, quindici, diciassette, venti

255.

a) trentotto, 38; **b)** sessantasette, 67; **c)** cinquantanove, 59; **d)** novantacinque, 95; **e)** centouno, 101; **f)** centonove, 109; **g)** ottantatré; 83; **h)** quarantadue, 42; **i)** ventuno, 21; **j)** settantasei, 76

256.

a) 7215; **b)** 41.808; **c)** 6617; **d)** 9287; **e)** 151; **f)** 4118; **g)** 678; **h)** 211.000; **i)** 2.216.000; **j)** 1.113.000

Die Ordnungszahlen

257.

quinto (5°), sesto (6°), settimo (7°), ottavo (8°), nono (9°), decimo (10°), ventesimo (20°), trentaseiesimo (36°), cinquantatreesimo (53°)

258.

a) prima; **b)** terza; **c)** quinta; **d)** undicesimo; **e)** trentunesimo; **f)** quattordicesima; **g)** secondo; **h)** quarta; **i)** settima

Datum und Jahreszahlen

259.

a) marzo; **b)** gennaio; **c)** giugno; **d)** maggio; **e)** aprile; **f)** novembre; **g)** agosto; **h)** dicembre

260.

a) dal 26 (ventisei) aprile al 10 (dieci) giugno; **b)** Il 1° (primo) giugno; **c)** L'8 (otto) e il 9 (nove) maggio, il 31 (trentun/trentuno) maggio

261.

a) H, **b)** A, **c)** I, **d)** G, **e)** B, **f)** D, **g)** J, **h)** E, **i)** C, **j)** F

262.

a) millenovecentottantanove (1989);
b) nel millenovecentonovanta (1990) ;
c) nel milleottocentosessantuno (1861);
d) Nel millenovecentosessantanove (1969);
e) nel millesettecentottantanove (1789);
f) nel duemiladue (2002)

Die Uhrzeit

263.

a) le; **b)** È; **c)** quarto; **d)** È; **e)** e; **f)** È; **g)** Sono; **h)** meno

264.

Lösungsvorschläge: a) Sono le cinque e un quarto./Sono le 17 e 15. **b)** Sono le undici e mezza/mezzo./Sono le 11 e 30. **c)** Sono le otto meno cinque./Sono le 7 e 55. **d)** Sono le otto e venti. **e)** Sono le due meno venti./È l'una e 40. **f)** È mezzogiorno meno un quarto./È mezzanotte meno un quarto./ Sono le dodici meno un quarto./Sono le 11 e 45./Sono le 11 e tre quarti.

265.

a) alle otto; **b)** dalle dieci alle undici; **c)** verso le nove; **d)** dopo le undici

Mengenangaben

266.

a) due chili di; **b)** un litro di; **c)** due etti e mezzo di; **d)** mezzo litro di; **e)** mezzo chilo di; **f)** un chilo e mezzo di

267.

a) acqua, aceto, birra; **b)** torta, formaggio, prosciutto, carne, tonno; **c)** zucchero, farina, riso, sale; **d)** yogurt, olive, miele, tonno, sardine; **e)** carne, tonno, sardine; **f)** rosmarino, prezzemolo, basilico; **g)** lievito, zucchero, sale; **h)** torta, formaggio, prosciutto, carne, tonno

A

a casa	*zu Hause, nach Hause*
a piedi	*zu Fuß*
abbastanza	*ziemlich*
abbracciarsi	*sich umarmen*
abbronzato	*gebräunt*
abitare	*wohnen*
l'**abito**	*das Kleid, der Anzug*
l'**abito da sera**	*das Abendkleid*
abituato	*gewöhnt*
accanto a	*neben*
accattivante	*fesselnd*
accettare	*zusagen, akzeptieren*
accogliere	*empfangen*
accompagnare	*begleiten*
l'**accordo**	*die Einigung, der Einklang*
accordo: **andare d'accordo**	*sich gut vertragen, gut auskommen*
accordo: **d'accordo**	*einverstanden*
accorgersi	*bemerken*
l'**aceto**	*der Essig*
acido	*sauer*
l'**acqua**	*das Wasser*
l'**acquisto**	*der Einkauf*
ad ogni ora	*jederzeit, zu jeder Zeit*
adatto	*geeignet*
l'**addio**	*der Abschied*
addormentarsi	*einschlafen*
adesso	*jetzt*
l'**adulto**	*der Erwachsene*
l'**aereo**	*das Flugzeug*
l'**aeroporto**	*der Flughafen*
l'**affare (m)**	*das Geschäft, die Angelegenheit*
affascinare	*faszinieren*
affettuoso	*liebevoll, zärtlich, herzlich*
affinché	*damit*
l'**agenda**	*der Terminkalender*
l'**agendina**	*der (kleine) Terminkalender*
aggiungere	*hinzufügen*
aggressivamente	*aggressiv*
l'**aglio**	*der Knoblauch*
agosto	*August*
aiutare	*helfen*
l'**aiuto**	*die Hilfe*
al burro	*mit Butter zubereitet*
al più presto	*baldmöglichst*
l'**albergo**	*das Hotel*
l'**albero**	*der Baum*
l'**albicocca**	*die Aprikose*
alcuni	*einige*
alla fine	*am Ende*
alle sei	*um sechs Uhr*
allegro	*fröhlich, lustig*
l'**alloggio**	*die Unterkunft, die Wohnung*
allora	*also, nun, dann*
all'una	*um ein Uhr*
almeno	*mindestens*
alto	*groß, hoch*
altri	*andere*
altro	*anderer, weiterer*
alzarsi	*aufstehen*
amare	*lieben*
l'**amica**	*die Freundin*
l'**amico**	*der Freund*
ammalato	*krank*
ammirare	*bewundern*
l'**amore (m)**	*die Liebe*
ampio	*groß, weit, breit, geräumig*
ampliare	*vergrößern, verbreitern*
l'**analisi (w)**	*die Analyse*
anche	*auch*
ancora	*noch*
andare	*gehen*
andare a trovare	*besuchen*
andare d'accordo	*sich gut vertragen, gut auskommen*
andare pazzo per	*verrückt sein nach*
andarsene	*weggehen, verschwinden*
l'**andata**	*die Hinfahrt*
l'**anello**	*der Ring*
l'**animale (m)**	*das Tier*
l'**anno**	*das Jahr*
l'**anno dopo**	*das Jahr darauf*
annoiarsi	*sich langweilen*
antico	*antik*
l'**antipasto**	*die Vorspeise*
antipatico	*unsympthisch*
anzi	*mehr noch, im Gegenteil, sogar*
anziano	*alt*
aperto	*geöffnet, offen*
l'**appartamento**	*die Wohnung*
appena	*kaum, gerade, sobald*
appendere	*aufhängen*
appeso: **è appeso**	*er/sie/es hängt*
l'**applauso**	*der Applaus*
applicarsi	*sich anstrengen*
apprezzato	*geschätzt*
l'**appuntamento**	*die Verabredung*
l'**appunto**	*die Notiz*
l'**aprile (m)**	*April*
aprire	*öffnen*
l'**arancia**	*die Orange*
arancione	*orange*
l'**argento**	*das Silber*
l'**aria**	*die Arie, die Luft*
l'**armadio**	*der Schrank*
arrabbiato	*verärgert, wütend*

Wortverzeichnis

arrivare	*ankommen*
arrossire	*erröten*
l'**arrosto**	*der Braten*
l'**arte (w)**	*die Kunst*
l'**articolo**	*der Artikel*
aspettare	*warten*
assoluto	*absolut*
assumere	*einstellen, anstellen*
attentamente	*aufmerksam*
***attento:* stare attento**	*aufpassen*
l'**attore (m)**	*der Schauspieler*
attraente	*attraktiv*
attrarre	*anziehen, verlocken*
augurare	*wünschen*
l'**augurio**	*der Wunsch, der Glückwunsch*
aumentare	*steigen, zunehmen*
l'**aumento dello stipendio**	*die Lohn-/Gehaltserhöhung*
l'**austriaco**	*Österreichisch, der Österreicher*
l'**autogrill (m)**	*die Autobahnraststätte*
l'**automobile (w)**	*das Auto*
avanti	*nach vorn, vorwärts, voran*
avere	*haben*
avere bisogno	*brauchen, nötig haben*
avere luogo	*stattfinden*
avere ragione	*Recht haben*
avvenire	*geschehen, passieren, sich ereignen*
avvincente	*spannend*
l'**avvocato**	*der Rechtsanwalt*
azzurro	*hellblau, blau*

B

bagnato	*nass*
ballare	*tanzen*
il **ballerino**	*der Tänzer*
il **ballo**	*der Tanz*
il **bambino**	*das Kind*
la **banca**	*die Bank*
la **barzelletta**	*der Witz*
il **basilico**	*das Basilikum*
bastare	*ausreichen, reichen, genügen*
la **batteria**	*das Schlagzeug*
la **Befana**	mythische alte Frau, die am 6. Januar die Kinder beschenkt
beige	*beige*
il/la **belga**	*der/die Belgier/in*
belga	*belgisch*
bello	*schön*
la **benzina**	*das Benzin*
bere	*trinken*
le **bevande**	*die Getränke*
bianco	*weiß*
la **bicicletta**	*das Fahrrad*
il **biglietto**	*die Fahrkarte, die Eintrittskarte*
la **birra**	*das Bier*
il **biscotto**	*der Keks, das Plätzchen*
bisogna	*man muss, es ist nötig*
***bisogno:* avere bisogno**	*brauchen, nötig haben*
il **blackout**	*der Stromausfall*
blu	*blau*
la **borsa**	*die Tasche, die Handtasche*
la **borsetta**	*die Handtasche*
la **bottiglia**	*die Flasche*
il **bracciale**	*das Armband*
il **braccialetto**	*das Armband*
bravo	*gut, tüchtig, fähig*
brutto	*hässlich, schlecht*
la **bugia**	*die Lüge*
buongiorno	*guten Tag*
buono	*gut*
***buon'ora:* di buon'ora**	*früh, frühzeitig*
il **burro**	*die Butter*
***burro:* al burro**	*mit Butter zubereitet*
la **bustina**	*das Tütchen, der Beutel*

C

cadere	*hinfallen, stürzen*
il **caffè**	*der Espresso, der Kaffee*
il **calcio**	*der Fußball*
caldo	*warm*
calmarsi	*sich beruhigen*
calmo	*ruhig*
il **calzolaio**	*der Schuhmacher*
cambiare	*wechseln, austauschen, sich (ver)ändern*
cambiare casa	*umziehen*
la **camera doppia**	*das Doppelzimmer*
la **camicia**	*das Hemd*
la **campagna**	*das Land*
il **camper**	*das Wohnmobil*
il **campionato**	*die Meisterschaft*
il **cane**	*der Hund*
i **capelli**	*die Haare, das Haar*
capire	*verstehen*
il **capo del personale**	*Personalchef*
il **Capodanno**	*Neujahr*
il **cappotto**	*der Mantel*
il **Capricorno**	*der Steinbock* (Tierkreiszeichen)
il **capufficio**	*der Chef, der Büroleiter*
la **caramella**	*das Bonbon*
il **carattere**	*der Charakter*
carino	*nett, hübsch*

la **carne**	*das Fleisch*
caro	*lieb, teuer*
il **carrello**	*der Einkaufswagen*
la **cartella**	*die Mappe, die Aktentasche*
la **casa**	*das Haus*
casa: **a casa**	*zu Hause, nach Hause*
la **cassa**	*die Kasse*
il **castello**	*das Schloss*
cattivo	*schlecht, böse*
c'è	*es gibt, da ist*
celebrare	*feiern, begehen*
il **cellulare**	*das Handy*
la **cena**	*das Abendessen*
cenare	*zu Abend essen*
un **centinaio**	*etwa Hundert*
il **centro**	*die Stadtmitte, die Innenstadt, das Zentrum*
il **centro commerciale**	*das Einkaufszentrum*
cercare	*suchen*
la **cerimonia**	*die Feier, die Zeremonie*
certamente	*sicherlich, sicher, gewiss*
certo	*sicher, gewiss*
il **cetriolo**	*die Gurke*
che	*dass*
che	*der, die, das, den*
che cosa?	*was?*
chiamare	*rufen, anrufen*
chiamarsi	*heißen*
chiarire	*klären*
chiaro	*hell*
il **chiasso**	*der Lärm*
la **chiave**	*der Schlüssel*
le **chiavi di casa**	*die Hausschlüssel*
chiedere	*fragen*
il **chilo**	*das Kilo*
il **chilometro**	*der Kilometer*
la **chimica**	*die Chemie*
chissà	*wer weiß*
la **chitarra**	*die Gitarre*
ci sono	*da sind, es gibt*
il **cielo**	*der Himmel*
la **ciliegia**	*die Kirsche*
il **cinema**	*das Kino*
cinese	*chinesisch*
una **cinquantina**	*etwa fünfzig*
le **cinque**	*fünf Uhr*
la **cioccolata**	*die Schokolade*
il **cioccolatino**	*die Praline*
la **cipolla**	*die Zwiebel*
il **circo**	*der Zirkus*
la **città**	*die Stadt*
la **cittadina**	*die Kleinstadt*
la **classe**	*die Klasse*
classico	*klassisch*
il **cliente**	*der Kunde*

il **clima**	*das Klima*
coda: **fare la coda**	*Schlange stehen*
cogliere	*pflücken*
la **colazione**	*das Frühstück*
la **collana**	*die Kette*
il **collega**	*der Kollege*
il **collo**	*der Hals*
la **colonna sonora**	*die Filmmusik*
coloratissimo	*sehr farbig, sehr bunt*
il **colore**	*die Farbe*
la **colpa**	*die Schuld*
il **coltello**	*das Messer*
come	*wie*
come contorno	*als Beilage*
come sono?	*wie sind?*
com'è?	*wie ist?*
cominciare	*anfangen, beginnen*
la **commedia**	*die Komödie*
il **comodino**	*der Nachttisch*
comodo	*bequem*
la **compagna**	*die Kameradin, die Lebensgefährtin*
il **compagno**	*der Kamerad, der Lebensgefährte*
il **compito**	*die Aufgabe, die Hausaufgabe*
compiuto: **ha compiuto ... anni**	*er/sie/es ist ... geworden*
il **compleanno**	*der Geburtstag*
completo	*vielseitig, vollständig*
comprare	*kaufen*
il **comune**	*das Rathaus, das Gemeindehaus*
comunicativo	*kommunikativ, mitteilsam*
con me	*mit mir*
con te	*mit dir*
il **concerto**	*das Konzert*
condurre	*führen, lenken*
la **conferma**	*die Bestätigung*
confermare	*bestätigen*
conoscere	*kennen, kennen lernen*
conoscersi	*sich kennen*
consegnare	*abgeben*
consigliare	*empfehlen*
il **consiglio**	*der Ratschlag*
la **consulente aziendale**	*die Unternehmensberaterin*
il **contadino**	*der Bauer*
contare su	*rechnen mit, zählen auf*
contemporaneo	*zeitgenössisch*
contento	*froh, zufrieden*
il **contorno**	*die Beilage*
la **coppia**	*das Paar*
coprirsi	*sich zudecken, sich bedecken, sich bewölken*
coraggiosamente	*mutig*

Wortverzeichnis

coraggioso	*mutig*
la **cordialità**	*die Herzlichkeit, die Freundlichkeit*
la **coreografia**	*die Choreografie*
correre	*rennen, laufen*
la **corsa di formula uno**	*das Formel 1-Rennen*
il **corso**	*der Kurs*
il **corso di cucina**	*der Kochkurs*
corto	*kurz*
la **cosa**	*die Sache, das Ding*
costare	*kosten*
costruire	*bauen, aufbauen*
il **costume da bagno**	*der Badeanzug*
il **cotone**	*die Baumwolle*
cotto	*gekocht*
la **cravatta**	*die Krawatte*
creare	*schaffen, erschaffen, verwirklichen*
creativo	*kreativ*
credere	*glauben*
crescere	*wachsen*
la **crisi**	*die Krise*
il **cristallo**	*das Kristall*
criticare	*kritisieren*
croccante	*knusprig*
la **cucina**	*die Küche*
cucinare	*kochen*
la **cugina**	*die Cousine*
il **cuoco**	*der Koch*
il **cuore**	*das Herz*
il **cuscino**	*das Kissen*

D

da (da due giorni)	*seit (seit zwei Tagen)*
da bambina	*als kleines Mädchen*
da parte mia	*meinerseits*
da piccolo	*als Kind*
da quando?	*seit wann?*
dappertutto	*überall*
dare	*geben*
dare del Lei	*siezen*
dare una mano	*helfen*
dato che	*da*
davanti	*davor*
davanti a	*vor*
decidere	*entscheiden*
deluso	*enttäuscht*
il/la **dentista**	*der Zahnarzt, die Zahnärztin*
desiderare	*wünschen*
la **destra**	*die rechte Seite*
di 18 anni	*achtzehnjährig*
di buon'ora	*früh, frühzeitig*
di solito	*normalerweise, in der Regel*
di tutti i tempi	*aller Zeiten*
il **dialogo**	*der Dialog*
il **dicembre**	*der Dezember*
dietro a	*hinter*
la **differenza**	*der Unterschied*
difficile	*schwierig*
la **difficoltà**	*die Schwierigkeit*
dimenticare	*vergessen*
dinamico	*dynamisch*
diplomarsi	*ein Diplom erwerben*
dire	*sagen*
il **direttore**	*der Direktor*
la **direttrice**	*die Direktorin*
il **disco**	*die Schallplatte*
il **disegno**	*die Zeichnung, das Muster*
disordinato	*unordentlich*
dispiacere a qn	*jdm. leid tun*
disponibile	*hilfsbereit*
distrarre	*ablenken*
disturbare	*stören*
la **ditta**	*die Firma*
il **divano**	*das Sofa*
diventare	*werden*
divertente	*unterhaltsam, vergnüglich*
divertirsi	*sich unterhalten, sich amüsieren*
il **divieto di sosta**	*das Halteverbot*
divorziare	*sich scheiden lassen*
la **doccia**	*die Dusche*
il **documento**	*das Dokument*
dolce	*süß*
il **dolce**	*der Kuchen, die Süßspeise*
il **dolore**	*der Schmerz*
domani	*morgen*
la **domenica**	*Sonntag*
domenica sera	*Sonntagabend*
dominante	*dominant*
la **donna**	*die Frau*
dopo	*nach, danach, nachher, später*
dopo che	*nachdem*
dopodomani	*übermorgen*
dormire	*schlafen*
il **dottor ...**	*Herr Doktor ...*
dovere	*müssen, sollen*
dubitare	*bezweifeln, zweifeln*
durante	*während*
durare	*dauern*

E

eccone alcuni	*hier sind einige davon*
l'**ecologia**	*die Ökologie*
economico	*günstig, billig, wirtschaftlich*
l'**edicola**	*der (Zeitungs-)Kiosk*

l'**edificio**	*das Gebäude*
egoista	*egoistisch, selbstsüchtig*
elementare	*Grund-(schuljahr)*
emigrare	*auswandern*
emozionante	*aufregend*
l'**ennesima volta**	*das x-te Mal*
enorme	*enorm, riesig*
entrambi	*beide*
entrare	*eintreten, hineingehen*
l'**entrata**	*der Eingang*
entro (entro lunedì)	*vor (vor Motag)*
l'**errore (m)**	*der Fehler*
l'**esame (m)**	*die Prüfung, das Examen*
esercitare	*üben*
esistere	*existieren, bestehen, vorhanden sein*
essere	*sein*
l'**estate (w)**	*der Sommer*
l'**estero**	*das Ausland*
estone	*estländisch, der Este, die Estin*
estroverso	*extrovertiert*
l'**età**	*das Alter*
l'**evento**	*das Ereignis, das Event, die Veranstaltung*
eventuale	*eventuell*

F

fa (qualche giorno fa)	*vor (vor ein paar Tagen)*
fa bel tempo	*es ist schönes Wetter*
il **fagiolino**	*die grüne Bohne*
famoso	*berühmt*
farcela	*es schaffen, auskommen, durchkommen*
farcito	*gefüllt, belegt*
fare	*tun, machen*
fare benzina	*tanken*
fare il traduttore	*Übersetzer sein*
fare la coda	*Schlange stehen*
fare la doccia	*duschen*
fare la spesa	*einkaufen*
fare vedere	*zeigen*
la **farina**	*das Mehl*
la **farmacia**	*die Apotheke*
il **farmacista**	*der Apotheker*
farsi male	*sich verletzen, sich wehtun*
il **fascismo**	*der Faschismus*
faticoso	*anstrengend*
il **favore**	*der Gefallen*
***favore:* per favore**	*bitte*
il **fazzoletto**	*das Taschentuch*
la **febbre**	*das Fieber*
il **fegato**	*die Leber*
felice	*glücklich*
la **femmina**	*das Weibchen, das Weib, das Mädchen*
fermarsi	*stehen bleiben, anhalten*
la **fermata**	*die Haltestelle*
il **Ferragosto**	*Mariä Himmelfahrt* (15. August)
il **ferro**	*das Eisen*
la **festa**	*das Fest*
la **festa popolare**	*das Volksfest*
festeggiare	*feiern*
la **fetta**	*die Scheibe*
fidanzarsi	*sich verloben*
la **fidanzata**	*die Verlobte*
i **figli**	*die Kinder, die Söhne*
il **figlio**	*der Sohn*
la **fila**	*die Reihe*
il **finanziatore**	*der Geldgeber*
finché	*solange*
finché non	*bis*
la **fine**	*das Ende*
***fine:* alla fine**	*am Ende*
il **fine settimana**	*das Wochenende*
la **finestra**	*das Fenster*
finire	*beenden, fertig werden, enden*
fino a	*bis*
fino alle sei	*bis sechs Uhr*
finora	*bis jetzt*
il **fiore**	*die Blume*
fissare un incontro	*ein Treffen vereinbaren*
la **focaccia**	*die Focaccia* (eine Art Pizza meist ohne Beleg)
follemente innamorato	*unsterblich verliebt*
la **fontana**	*der Brunnen*
il **formaggio**	*der Käse*
il **fornitore**	*der Zulieferer, der Lieferant*
forse	*vielleicht*
forte	*stark, kräftig*
la **fortuna**	*das Glück, das Vermögen*
fortunatamente	*glücklicherweise*
la **fotocopiatrice**	*der Fotokopierer*
il **foulard**	*das Halstuch*
fra poco	*bald*
fra tre anni	*in drei Jahren*
la **fragola**	*die Erdbeere*
il **francese**	*Französisch, der Franzose*
francese	*französisch*
il **fratellino**	*der kleine Bruder*
il **fratello**	*der Bruder*
freddo	*kalt*
frequentare	*besuchen, verkehren*

Wortverzeichnis

fresco	*frisch*
la **frutta**	*das Obst*
fumare	*rauchen*
il **fungo**	*der Pilz*
il **fuoco**	*das Feuer*
fuori	*draußen*

G

il **gatto**	*die Katze*
il **gelato**	*das Eis*
i **Gemelli**	*die Zwillinge* (Tierkreiszeichen)
il **genero**	*der Schwiegersohn*
geniale	*genial*
i **genitori**	*die Eltern*
il **gennaio**	*der Januar*
la **gente**	*die Leute*
gentile	*freundlich, liebenswürdig*
già	*schon*
la **giacca**	*die Jacke, das Jackett, der Sakko*
giallo	*gelb*
il **giallo**	*der Krimi*
il **giardino**	*der Garten*
la **ginnastica**	*die Gymnastik*
giocare	*spielen*
il **gioiello**	*das Schmuckstück*
il **giornale**	*die Zeitung*
il/la **giornalista**	*der/die Journalist/in*
il **giorno**	*der Tag*
giovane	*jung*
il **giovedì**	*Donnerstag*
girare a sinistra	*links abbiegen*
la **gita**	*der Ausflug*
il **giugno**	*der Juni*
giusto	*richtig*
le **gocce**	*die Tropfen*
la **gonna**	*der Rock*
grande	*groß*
grazie	*danke*
greco	*griechisch*
grigio	*grau*
i **grissini**	*die Grissini* (dünne Knabberstangen aus Weißbrotteig)
grosso	*dick, breit*
guardare la tivù	*fernsehen*
guidare	*(Auto) fahren*

H

ha compiuto vent'anni	*er/sie/es ist zwanzig geworden*

I

l'**idea**	*die Idee*
ieri	*gestern*
ieri pomeriggio	*gestern Nachmittag*
imbiancare	*anstreichen*
immaginare	*sich vorstellen, sich ausdenken*
imparare	*lernen*
l'**impegno**	*der Termin, die Verpflichtung, die Verabredung*
l'**impermeabile (m)**	*der Regenmantel*
l'**impero finanziario**	*das Finanzimperium*
importa	*es ist wichtig*
importante	*wichtig*
improbabile	*unwahrscheinlich*
in fondo	*ganz hinten, am Ende*
in tempo	*rechtzeitig*
l'**incidente (m)**	*der Unfall*
incontrare	*treffen*
incontrarsi	*sich treffen*
l'**incontro**	*das Treffen*
incredibile	*unglaublich*
incredibilmente	*unglaublich*
indietro	*zurück, rückwärts*
indipendente	*unabhängig, selbständig*
l'**indirizzo**	*die Adresse*
indispensabile	*unentbehrlich, unerlässlich*
infatti	*in der Tat, nämlich*
l'**inglese**	*Englisch, der/die Engländer/in*
inglese	*englisch*
l'**ingresso**	*der Eingang*
iniziare	*anfangen*
innamorarsi	*sich verlieben*
innamorato	*verliebt*
inoltre	*außerdem*
l'**insegnante (m/w)**	*der Lehrer, die Lehrerin*
insegnare	*unterrichten*
insistere	*auf etw. bestehen*
insolito	*ungewöhnlich, außergewöhnlich*
insomma	*kurz (und gut)*
intelligente	*intelligent*
l'**interpretazione (w)**	*die Interpretation, die Auslegung, die Deutung*
intraprendente	*unternehmungslustig*
introdotto	*eingeführt*
introdurre	*einführen*
introverso	*introvertiert*
inutile	*nutzlos*
invece	*hingegen*
invece no	*hingegen nicht*
l'**inventore (m)**	*der Erfinder*
l'**inverno**	*der Winter*

invitare	*einladen*
l'**invito**	*die Einladung*
irritarsi	*sich irritieren lassen, nervös werden*
iscriversi	*sich einschreiben, sich anmelden*

L

la **schiena**	*der Rücken*
il **lago**	*der See*
la **lana**	*die Wolle*
largo	*weit, breit, groß*
lasciare	*lassen, verlassen*
il **latte**	*die Milch*
laurearsi	*einen Hochschulabschluss machen*
lavare	*waschen*
lavarsi	*sich waschen*
la **lavatrice**	*die Waschmaschine*
lavorare	*arbeiten*
il **lavoro**	*die Arbeit*
leggere	*lesen*
leggero	*leicht*
lentamente	*langsam*
la **lettera**	*der Brief*
il **letto**	*das Bett*
lì	*dort*
la **liberazione**	*die Befreiung*
libero	*frei*
la **libertà**	*die Freiheit*
il **libro**	*das Buch*
il **lievito**	*die Hefe*
lilla	*lila, fliederfarbig*
la **lira**	*die Lira* (italienische Währungseinheit vor der Einführung des Euro)
litigare	*streiten, sich streiten*
il **locale**	*das Lokal*
lodare	*loben*
la **luce**	*das Licht*
luminoso	*hell, leuchtend*
la **luna**	*der Mond*
il **lunedì**	*Montag*
lungo	*lang*
luogo: **avere luogo**	*stattfinden*
il **lusso**	*der Luxus*

M

ma	*aber*
la **macchina**	*das Auto*
la **macchina fotografica**	*der Fotoapparat*
la **macedonia**	*der Obstsalat*
il **macellaio**	*der Metzger*
la **madre**	*die Mutter*
magari	*vielleicht*
il **maggio**	*der Mai*
magro	*mager, schlank, dünn*
mai	*nie, niemals*
il **mal di gola**	*die Halsschmerzen*
il **mal di testa**	*die Kopfschmerzen*
male	*schlecht*
male: **farsi male**	*sich wehtun, sich verletzen*
mancare	*fehlen*
la **mancia**	*das Trinkgeld*
mandare	*schicken*
mangiare	*essen*
le **mani**	*die Hände*
la **mano**	*die Hand*
mano: **dare una mano**	*helfen*
il **mare**	*das Meer*
il **marito**	*der Ehemann*
la **marmellata**	*die Marmelade*
marrone	*braun*
il **martedì**	*Dienstag*
il **marzo**	*März*
il **maschio**	*das Männchen, der Mann, der Junge*
la **matematica**	*die Mathematik*
la **materia**	*das Fach*
il **matrimonio**	*die Hochzeit, die Ehe*
la **mattina**	*der Morgen, der Vormittag*
la **maturità**	*das Abitur*
il **mazzetto**	*das (kleine) Bund*
la **medicina**	*das Arzneimittel, die Medizin*
il **medico**	*der Arzt, die Ärztin*
meglio	*besser*
la **mela**	*der Apfel*
la **melanzana**	*die Aubergine*
meno	*weniger*
meno del solito	*weniger als üblich*
la **mensa**	*die Kantine*
mentre	*während*
meravigliosamente	*wunderbar, herrlich*
il **mercatino dell'usato**	*der Flohmarkt*
il **mercato**	*der Markt*
il **mese**	*der Monat*
la **metropoli**	*die Großstadt, die Metropole*
la **metropolitana**	*die U-Bahn*
mettere	*setzen, stellen, legen*
mettere in ordine	*aufräumen*
mettere nella salsa	*in die Soße geben*
mettersi a	*anfangen zu*
mettersi con	*sich zusammentun mit*
mettersi in proprio	*sich selbständig machen*
mettersi qc	*sich etw. aufsetzen, etw. anziehen*

Wortverzeichnis

la **mezzanotte**	*Mitternacht, zwölf Uhr nachts*
mezzo	*halb*
il **mezzogiorno**	*Mittag, zwölf Uhr mittags*
il **miele**	*der Honig*
migliaia di turisti	*Tausende Touristen*
un **migliaio**	*etwa Tausend*
migliorare	*sich bessern, besser werden*
mille	*Tausend*
il **minestrone**	*die Gemüsesuppe*
il **minorenne**	*der Minderjährige*
il **mobile**	*das Möbel(stück)*
moderno	*modern*
la **moglie**	*die Ehefrau*
molto	*sehr*
il **momento**	*der Augenblick, der Moment*
momento: **per il momento**	*im Augenblick*
i **mondiali di calcio**	*die Fußballmeisterschaft*
la **montagna**	*der Berg, das Gebirge*
morire	*sterben*
morto	*gestorben, tot*
la **mostra**	*die Ausstellung*
la **moto**	*das Motorrad*
il **motorino**	*das Mofa*
muoversi	*sich bewegen*
il **muro**	*die Wand*
la **musica**	*die Musik*

N

nascere	*geboren werden*
nascondersi	*sich verstecken*
il **Natale**	*die Weihnacht*
nato	*geboren*
naturale	*natürlich*
navigare	*surfen, segeln, fahren*
il **navigatore**	*das Navigationsgerät, das Navi*
il **necessario**	*das Nötige*
necessario	*nötig, notwendig*
il **negozio**	*das Geschäft, der Laden*
il **negozio di alimentari**	*das Lebensmittelgeschäft*
nemmeno	*nicht einmal, auch nicht*
nero	*schwarz*
nervoso	*nervös*
nessuno	*niemand*
la **neve**	*der Schnee*
nevicare	*schneien*
niente	*nichts*
niente: **per niente**	*überhaupt nicht*
il **nipote**	*der Neffe, der Enkel*
no	*nein*
la **noia**	*die Langeweile*
noioso	*langweilig*
non ... mai	*nie, niemals*
non ... nemmeno	*nicht einmal, auch nicht*
non ... tanto	*nicht so sehr*
non appena	*sobald*
il **nonno**	*der Großvater*
nostro	*unser*
il **notaio**	*der Notar*
la **notizia**	*die Nachricht*
la **notte**	*die Nacht*
il **novembre**	*der November*
il **numero di telefono**	*die Telefonnummer*
la **nuora**	*die Schwiegertochter*
nuotare	*schwimmen*
il **nuoto**	*das Schwimmen*
nuovo	*neu*

O

obbligato	*gezwungen, verpflichtet*
l'**occhio**	*das Auge*
gli **occhiali**	*die Brille*
gli **occhiali da sole**	*die Sonnenbrille*
occuparsi	*sich kümmern*
offendersi	*beleidigt sein, gekränkt sein*
offrire	*anbieten*
oggi	*heute*
ogni	*jede/r/s*
l'**Ognissanti (m)**	*Allerheiligen*
l'**olandese**	*Niederländisch, der/die Niederländer/in*
l'**olio**	*das Öl*
l'**oliva**	*die Olive*
l'**ombrello**	*der Regenschirm*
l'**onomastico**	*der Namenstag*
l'**opera**	*die Oper*
l'**ora**	*die Stunde*
ora	*jetzt*
ora: **ad ogni ora**	*jederzeit, zu jeder Zeit*
l'**orchestra**	*das Orchester*
ordinare	*bestellen*
ordinario	*gewöhnlich, üblich*
ordinato	*ordentlich*
l'**ordine (m)**	*die Ordnung*
l'**orecchio**	*das Ohr*
orgoglioso	*stolz*
ormai	*nun, jetzt, bereits*
l'**oro**	*das Gold*
l'**orologio**	*die Uhr*
l'**ospedale (m)**	*das Krankenhaus*
l'**ospite (m)**	*der Gast*
ottenere	*erreichen, erhalten, bekommen*
ottimista	*optimistisch*
ottimo	*sehr gut, ausgezeichnet*
le **otto e mezzo**	*halb neun (Uhr)*

P

il **pacchetto di sigarette**	*die Zigarettenschachtel*
il **pacco**	*die Packung, das Paket*
la **pace**	*die Ruhe, der Frieden*
il **padre**	*der Vater*
il **paese**	*das Land, der Staat, das Dorf*
pagare	*bezahlen*
il **paio**	*das Paar*
la **palestra**	*das Fitnessstudio, das Fitnesscenter*
la **pallavolo**	*der Volleyball*
pallido	*blass*
il **pane**	*das Brot*
il **panino**	*das Brötchen*
la **panna**	*die Sahne, der Rahm*
i **pantaloni**	*die Hose*
il **paradiso**	*das Paradies*
il **parcheggio**	*der Parkplatz*
il **parco**	*der Park*
parecchi	*viele, zahlreiche*
il **parente**	*der Verwandte*
la **parete**	*die Wand*
parlare	*sprechen*
il **parrucchiere**	*der Friseur*
la **parte**	*der Teil*
la **partenza**	*die Abfahrt, die Abreise*
particolare	*speziell, besondere/r/s*
partire	*verreisen, abfahren, wegfahren*
la **partita**	*das (Fußball-)Spiel*
la **Pasqua**	*Ostern*
il **passaporto**	*der Pass*
passare	*vorbeigehen, vorbeikommen*
passare	*verbringen*
passare qc	*etw. reichen, etw. weitergeben*
la **passeggiata**	*der Spaziergang*
la **pasta**	*die Nudeln, das Gebäckstück, der Teig*
il **pasto**	*die Mahlzeit*
la **patata**	*die Kartoffel*
la **paura**	*die Angst*
la **pausa pranzo**	*die Mittagspause*
paziente	*geduldig*
la **pazienza**	*die Geduld*
pazzo	*verrückt*
pazzo: **andare pazzo per**	*verrückt sein nach*
peccato	*schade*
la **pelle**	*das Leder*
il **pensionamento**	*die Versetzung in den Ruhestand, die Pensionierung*
la **pensione**	*die Rente, die Pension*
il **peperone**	*die Paprikaschote*
per	*für, um zu*
per me	*für mich*
per niente	*überhaupt nicht*
perché	*weil*
perché?	*warum?*
il **percorso**	*die Strecke, der Weg*
perdere	*verlieren, verpassen*
perfezionare	*verbessern, perfektionieren*
pericoloso	*gefährlich*
il **periodo dell'anno**	*die Jahreszeit*
permaloso	*überempfindlich, übelnehmerisch*
la **persona**	*die Person*
il **personale**	*das Personal*
pesante	*schwer, dick*
la **pesca**	*der Pfirsich*
il **pesce**	*der Fisch*
pessimista	*pessimistisch*
pessimo	*sehr schlecht, miserabel*
il **pezzo**	*das Stück*
piacere	*mögen, gefallen*
il **piacere**	*die Freude, das Vergnügen*
piacere: **per piacere**	*bitte*
piangere	*weinen*
il **pianista**	*der Pianist*
il **piano**	*der Stock, die Etage*
piano	*langsam, leise*
piano piano	*ganz leise, ganz langsam*
il **pianoforte**	*das Klavier*
la **pianta**	*die Pflanze*
il **piatto**	*der Teller*
piccolo	*klein*
piedi: **a piedi**	*zu Fuß*
la **piega**	*die Falte*
pignolo	*kleinlich, pedantisch*
piovere	*regnen*
la **piscina**	*das Schwimmbad*
il **pittore**	*der Maler*
più	*mehr*
la **pizzetta**	*die kleine Pizza*
la **plastica**	*das Plastik*
un **po'**	*ein wenig*
poiché	*da*
il **poliestere**	*der Polyester*
la **poltrona**	*der Sessel*
il **pomeriggio**	*der Nachmittag*
la **porta**	*die Tür*
il **portafoglio**	*die Brieftasche*
portare	*tragen, bringen*
il **portinaio**	*der Hausmeister*
il **porto**	*der Hafen*
le **posate**	*das Besteck*
la **possibilità**	*die Möglichkeit*
il **posto**	*der Ort, der Platz*
il **posto fisso**	*die feste Anstellung*

	povero	*arm*
	pranzare	*zu Mittag essen*
il	**pranzo**	*das Mittagessen*
	praticare	*ausüben*
	pratico	*praktisch (veranlagt sein)*
	preferire	*lieber mögen, bevorzugen, vorziehen*
	preferito	*Lieblings-*
	pregare	*bitten*
	prego	*bitte*
	prendere	*nehmen, einnehmen*
	prendersela	*sich ärgern, sauer sein, eingeschnappt sein*
	prenotare	*reservieren*
la	**prenotazione**	*die Bestellung, die Reservierung, die Buchung*
	preoccuparsi	*sich Sorgen machen*
	preparare	*zubereiten*
	prepararsi	*sich vorbereiten*
	prescrivere	*verschreiben, verordnen*
	presentare	*vorstellen*
	presso	*bei*
	prestare	*ausleihen*
	presto	*früh*
	***presto:* al più presto**	*baldmöglichst*
il	**prezzemolo**	*die Petersilie*
il	**prezzo**	*der Preis*
	prima	*vorher, zuerst, früher*
	prima che/di	*bevor*
	prima di	*vor*
la	**primavera**	*der Frühling, das Frühjahr*
il	**primo**	*der erste Gang*
	privato	*privat*
	probabile	*wahrscheinlich*
il	**prodotto**	*das Produkt*
	produrre	*produzieren, herstellen*
la	**prof**	Kurzform von "la professoressa" (Schülersprache)
la	**professione**	*der Beruf*
la	**professoressa**	*die Professorin, die Lehrerin*
	progettare	*entwerfen, planen*
il	**progetto**	*das Projekt*
	promettere	*versprechen*
	proporre	*vorschlagen*
la	**proposta**	*der Vorschlag*
	proprio	*wirklich, tatsächlich*
	***proprio:* mettersi in proprio**	*sich selbständig machen*
il	**prosciutto**	*der Schinken*
	prossimo	*nächster*
la	**protagonista**	*die Hauptdarstellerin*
	provare	*probieren, anprobieren*
	prudente	*vorsichtig*
la	**prugna**	*die Zwetschge*
la	**psicologa**	*die Psychologin*
il	**pubblico**	*das Publikum*
	pulire	*putzen*
il	**pullman**	*der Bus, der Autobus, der Reisebus*
	puntuale	*pünktlich*
	pur (*+ gerundio*)	*obwohl, auch wenn*
	***pure:* Entri pure!**	*Kommen Sie ruhig rein!*
	purtroppo	*leider*

Q

	qua	*hier, hierher*
	***quadretti:* a quadretti**	*kariert*
il	**quadro**	*das Bild*
	qual è?	*welche/r/s ist?*
	qualche	*einige*
	qualche volta	*manchmal*
	qualcuno	*jemand*
	quali sono?	*welche/s sind?*
	quando	*wenn, jedes Mal wenn*
	quando?	*wann?*
	quante?	*wie viele?*
	quanto viene?	*wie viel kostet er/sie/es?*
il	**quarto**	*das Viertel*
	quasi	*fast*
	quello	*jener*
	questa sera	*heute Abend*
	quest'anno	*dieses Jahr*
la	**questione**	*die Frage, das Problem*
	questo	*dieser*
	qui	*hier*
il	**quotidiano**	*die Tageszeitung*

R

la	**raccomandata**	*der Einschreibbrief*
	raccontare	*erzählen*
	raffreddato	*erkältet*
il	**raffreddore**	*der Schnupfen*
la	**ragazza**	*das Mädchen, die junge Frau, die (feste) Freundin*
il	**ragazzo**	*der Junge, der junge Mann, der (feste) Freund*
	***ragione:* avere ragione**	*Recht haben*
	rapidamente	*schnell*
il	**rapporto**	*die Beziehung*
	raramente	*selten*
	reagire	*reagieren*
	realizzare	*realisieren, verwirklichen*
	regalare	*schenken*

il **regalo**	*das Geschenk*
la **relazione**	*der Bericht, die Beziehung*
ricco	*reich*
ricevere	*erhalten, bekommen*
riconoscersi	*sich wiedererkennen*
il **ricordo**	*die Erinnerung*
ridere	*lachen*
rientrare	*zurückkehren, zurückkommen*
riflessivo	*nachdenklich*
righe: **a righe**	*gestreift*
rilassarsi	*sich entspannen*
rimanere	*bleiben*
il **rinfresco**	*der Empfang, das Büfett*
rinunciare a	*verzichten auf, etw. aufgeben*
riposarsi	*sich ausruhen*
riscoprire	*wiederentdecken*
il **riso**	*der Reis*
rispondere	*antworten*
ristrutturare	*umbauen, renovieren, sanieren*
il **ritardo**	*die Verspätung*
il **rito civile**	*die standesamtliche Trauung*
ritornare	*wiederkommen, zurückkehren, zurückkommen, zurückgehen*
la **riunificazione**	*die Wiedervereinigung*
la **riunione**	*die Besprechung, die Sitzung*
riunirsi	*sich versammeln*
riuscire (a fare qc)	*es schaffen (etw. zu tun)*
rivedere	*wiedersehen*
rivolgersi a	*sich wenden an*
la **rivoluzione**	*die Revolution*
la **roba**	*die Sachen, die Dinge, das Zeug, der Kram*
robusto	*dick, untersetzt, kräftig*
romantico	*romantisch*
rompere	*kaputtmachen, brechen, zerbrechen*
rompersi	*kaputtgehen*
rompersi la gamba	*sich ein Bein brechen*
rosa	*rosa*
la **rosa**	*die Rose*
il **rosmarino**	*der Rosmarin*
rosso	*rot*
il **russo**	*Russisch, der Russe*

S

il **sabato**	*Samstag*
il **Sagittario**	*der Schütze* (Tierkreiszeichen)
salato	*salzig*
il **sale**	*das Salz*
salire	*hinaufgehen, einsteigen*
la **salsa**	*die Soße*
la **salumeria**	*das Wurstwarengeschäft*
i **salumi**	*die Wurstwaren*
il **sandalo di corallo**	*die Sandale aus Korallen*
sano	*gesund*
Santo Stefano	*der Stephanstag, der zweite Weihnachtstag*
sapere	*wissen, können*
la **sardina**	*die Sardine*
sbagliarsi	*sich irren, sich täuschen*
le **scale**	*die Treppe*
le **scarpe**	*die Schuhe*
la **scatoletta**	*die (kleine) Dose*
scegliere	*auswählen*
la **scena**	*die Szene, die Bühne*
scendere	*hinuntergehen, aussteigen*
scherzare	*scherzen*
sciare	*Ski laufen*
la **sciarpa**	*der Schal*
la **sciocchezza**	*der Blödsinn, die Kleinigkeit*
lo **sconosciuto**	*der Unbekannte*
scoprire	*entdecken*
lo **scrittore**	*der Schriftsteller*
la **scrivania**	*der Schreibtisch*
scrivere	*schreiben*
la **scuola**	*die Schule*
scuro	*dunkel*
scusare	*entschuldigen*
scusarsi	*sich entschuldigen*
se	*falls, wenn*
se stesso	*sich selbst*
secondo	*zweite/r*
secondo me	*meiner Meinung nach*
la **sedia**	*der Stuhl*
il **segno**	*das Zeichen*
il **segreto**	*das Geheimnis*
seguire	*folgen*
sei	*sechs*
il **semaforo**	*die Verkehrsampel*
sembra	*es scheint*
sempre	*immer*
sensibile	*sensibel, feinfühlig, empfindsam*
sentire	*hören*
senza	*ohne*
senza mai	*ohne je*
separarsi	*sich trennen*
la **sera**	*der Abend*
la **serata**	*der Abend* (im Verlauf)
il **serpente**	*die Schlange*

Wortverzeichnis

servire	*bedienen, dienen, nützen*
servirsi	*sich bedienen*
la **seta**	*die Seide*
il **settembre**	*der September*
la **settimana**	*die Woche*
severissimo	*sehr streng*
severo	*streng*
sfinito	*erschöpft, fertig*
siccome	*da, weil*
siciliano	*sizilianisch*
sicuro	*sicher*
la **sigaretta**	*die Zigarette*
la **signora**	*die Frau, die Dame*
simpatico	*sympathisch*
sinistra: **a sinistra**	*links*
sistemarsi	*eine Stelle finden, unterkommen*
smettere	*aufhören*
socievole	*gesellig, umgänglich*
soddisfatto	*zufrieden, befriedigt*
il **soggiorno**	*das Wohnzimmer*
il **sogno**	*der Traum*
i **soldi**	*das Geld*
il **sole**	*die Sonne*
il **solito**	*das Übliche*
solito: **di solito**	*normalerweise, in der Regel*
solito: **meno del solito**	*weniger als üblich*
solo	*allein*
solo	*nur*
la **sorella**	*die Schwester*
sorpreso	*überrascht*
sotto	*unter, darunter*
sotto casa	*um die Ecke, ganz in der Nähe*
sotto il segno dei Gemelli	*im Zeichen der Zwillinge*
lo **spagnolo**	*Spanisch, der Spanier*
lo **specchio**	*der Spiegel*
lo **specialista**	*der Spezialist*
la **specialità**	*die Spezialität*
spedire	*schicken, senden*
spegnere	*ausschalten, löschen*
la **speranza**	*die Hoffnung*
sperare	*hoffen*
la **spesa**	*der Einkauf, die Ausgabe*
spesso	*oft*
lo **spettacolo**	*die Vorstellung, die Aufführung*
la **spettatrice**	*die Zuschauerin*
la **spiaggia**	*der Strand*
lo **spiedino**	*der Spieß*
spiegare	*erklären*
gli **spinaci**	*der Spinat*
sponsorizzare	*sponsern, fördern*
sporco	*schmutzig*
sposarsi	*heiraten*
sposato	*verheiratet*
spostare	*verschieben*
lo **spumante**	*der Spumante* (moussierender Wein)
squisito	*köstlich, ausgezeichnet, erlesen*
sta male	*es geht ihr/ihm schlecht*
stabilirsi	*sich niederlassen*
lo **stage**	*das Praktikum*
stagionato	*gereift, gelagert*
stamattina	*heute Morgen*
la **stampante**	*der Drucker*
stanco	*müde*
la **stanza**	*das Zimmer*
la **stanza da letto**	*das Schlafzimmer*
stare	*bleiben, sich befinden*
stare attento	*aufpassen*
stasera	*heute Abend*
la **statua**	*die Statue*
la **stazione**	*der Bahnhof*
stesso: **lo stesso**	*trotzdem*
stesso: **se stesso**	*sich selbst*
stimare	*schätzen*
lo **stipendio**	*das Gehalt, der Lohn*
stirare	*bügeln*
gli **stivali**	*die Stiefel*
la **storia**	*die Geschichte*
strano	*seltsam*
stressante	*stressig*
lo **strumento**	*das Instrument*
lo **studente**	*der Student*
gli **studi**	*das (Hochschul-) Studium*
studiare	*studieren*
lo **studio**	*das Lernen, das Erlernen*
lo **studio medico**	*die Arztpraxis*
stufo: **sono stufo**	*ich habe es satt*
su	*auf, über, an*
subito	*sofort*
succedere	*geschehen, passieren, sich ereignen*
il **successo**	*der Erfolg*
il **successo mondiale**	*der Welterfolg*
il **succo di frutta**	*der Obstsaft*
sudamericano	*südamerikanisch*
il **sugo**	*die Sauce*
la **suocera**	*die Schwiegermutter*
suonare	*spielen* (ein Instrument)
il **superalcolico**	*die Spirituose*
superare l'esame	*die Prüfung bestehen*
svegliarsi	*aufwachen*
la **Svizzera**	*die Schweiz*

T

i **tacchi a spillo**	*die Bleistiftabsätze*
la **taglia**	*die Kleidergröße*
tagliare	*schneiden*
tanto	*viel*
tanto quanto	*so sehr wie*
il **tappeto**	*der Teppich*
tardi	*spät*
la **tartaruga**	*die Schildkröte*
il **tavolino da salotto**	*der Couchtisch*
il **tavolo**	*der Tisch*
il **tè**	*der Tee*
il **teatro**	*das Theater*
il **tedesco**	*Deutsch, der Deutsche*
tedesco	*deutsch*
telefonare	*anrufen*
la **telefonata**	*der Telefonanruf, der Anruf*
il **telefono**	*das Telefon*
il **telegiornale**	*die Tagesschau*
la **televisione**	*das Fernsehen*
temere	*fürchten*
tempi: **di tutti i tempi**	*aller Zeiten*
il **tempo**	*die Zeit, das Wetter*
il **tempo libero**	*die Freizeit*
tempo: **in tempo**	*rechtzeitig*
la **tenda**	*der Vorhang, das Zelt*
tenere	*halten*
terminare	*abschließen, beenden, zu Ende gehen*
la **tesi (di laurea)**	*die Diplomarbeit, die Masterarbeit*
testardo	*dickköpfig, eigensinnig*
il **testo**	*der Text*
ti va?	*hast du Lust?*
timido	*schüchtern*
la **tivù**	*das Fernsehen, der Fernseher*
toccare	*anfassen, berühren*
il **tonno**	*der Thunfisch*
tornare	*zurückkehren, -fahren, -gehen, -kommen*
tornare a casa	*nach Hause kommen/gehen*
la **torta**	*die Torte, der Kuchen*
la **tosse**	*der Husten*
il **tovagliolo**	*die Serviette*
tra	*zwischen, dazwischen*
la **tradizione**	*die Tradition*
tradurre	*übersetzen*
il **traduttore**	*der Übersetzer*
il **traffico**	*der Verkehr*
il **traghetto**	*die Fähre*
tranquillo	*ruhig*
trasferirsi	*umziehen*
il **trasloco**	*der Umzug*
trasmettere	*übertragen*
la **trattoria**	*die Gaststätte*
il **treno**	*der Zug*
triste	*traurig*
troppo	*zu, zu viel*
trovare	*finden*
trovare: **andare a trovare**	*besuchen (gehen)*
il **trucco**	*das Make-up, die Schminke*
la **tua ragazza**	*deine (feste) Freundin*
il **tuffo**	*das Eintauchen, der Sprung*
turchese	*türkis*
turistico	*touristisch*
tutti	*alle*

U

l'**ufficio**	*das Büro*
ultimo	*letzte/r*
l'**umore (m)**	*die Laune*
l'**una**	*ein Uhr*
una: **all'una**	*um ein Uhr*
l'**unico**	*der Einzige*
unirsi	*sich vereinigen, sich zusammenschließen*
l'**uomo**	*der Mann, der Mensch*
l'**uovo**	*das Ei*
usare	*benutzen*
uscire	*ausgehen, hinausgehen*
l'**uva**	*die Trauben*

V

va benissimo	*es ist sehr gut, es ist bestens*
la **vacanza**	*der Urlaub, die Ferien*
la **valigia**	*der Koffer*
valorizzare	*aufwerten*
il **vapore**	*der Dampf*
vario	*verschieden, unterschiedlich*
il **vasetto**	*das Glas*
il **vaso**	*die Vase, der Topf, das Gefäß*
vasto	*breit*
vecchio	*alt*
vedere	*sehen*
vedere: **far vedere**	*zeigen*
veloce	*schnell*
vendere	*verkaufen*
venire	*kommen*
veramente	*eigentlich, wirklich*
verde	*grün*
la **verdura**	*das Gemüse*
la **verità**	*die Wahrheit*
vero	*wahr, echt*
vero?	*nicht wahr?*

	vestirsi	*sich anziehen*
il	**vestito**	*das Kleid, der Anzug, das Kleidungsstück*
il	**veterinario**	*der Tierarzt*
	viaggiare	*reisen*
il	**vicino**	*der Nachbar*
	vicino a	*in der Nähe von*
il	**villaggio**	*das Dorf*
la	**villetta**	*das Einfamilienhaus, die kleine Villa*
	vincere	*gewinnen*
il	**vino**	*der Wein*
	viola	*violett*
la	**viscosa**	*die Viskose*
la	**visita guidata**	*die Führung*
	visto che	*da*
la	**vita**	*das Leben*
la	**vittima**	*das Opfer*
	vivamente	*wärmstens*
	vivere	*leben*
la	**voglia**	*die Lust*
	volentieri	*gern*
	volere	*wollen*
il	**volo**	*der Flug*
la	**volta**	*das Mal*
	volta: **una volta**	*einmal, früher*
il	**voto**	*die Note*

Z

lo	**zainetto**	*der kleine Rucksack*
lo	**zaino**	*der Rucksack*
la	**zampa**	*das Bein, der Lauf*
lo	**zio**	*der Onkel*
la	**zona a traffico limitato**	*die Umweltzone*
la	**zona pedonale**	*die Fußgängerzone*
lo	**zucchero**	*der Zucker*

Bildnachweis

S. 20: a) shutterstock/Ioannis Pantzi, b) iStockphoto/Jeff Edney; S. 25: a) fotolia/Clivia, b) fotolia/Elena Raga; S. 38: A) iStockphoto/michele principigalli, B) shutterstock/lancelee, C) fotolia.de/Monkey Business, D) istockphoto.com/Lise Gagne; S. 40: a) Fotolia.com/ulga, b) shutterstock/Africa Studio, c) fotolia.de/jerome signoret, d) shutterstock/ravl; S. 45: shutterstock/David Stuart, Photographer; S. 60: A) thinkstockphotos.com/Photodisc; B) shutterstock/Yuganov Konstantin, C) Fotolia.com/style-photographs, D) shutterstock.com/Goodluz; S. 72: von oben nach unten: fotolia/Sandra Neumann, shutterstock/Stephanie Frey, shutterstock/RimDream, fotolia.de/lunamarina; S. 80: A) shutterstock/Goodluz, B) shutterstock/Galushko Sergey, C) iStockphoto/Silvia Boratti, D) shutterstock/Andresr; S. 89: A) istockphoto.com/Galina Barskaya, B) shutterstock/Golden Pixels LLC, C) shutterstock/Stephen Coburn, D) Fotolia.com/pressmaster; S. 93: von oben nach unten: shutterstock/StockLite, shutterstock/michaeljung, shutterstock/Deklofenak, shutterstock/Edyta Pawlowska; S. 134: istockphoto.com/Stefan Klein; S. 137: a) istockphoto.com/marc brown, b) shutterstock/ericlefrancais, c) istockphoto.com/Zolnerovichs, d) fotolia/Uros Petrovic, e) shutterstock.com/Brasiliao, f) thinkstockphotos.com/BananaStock, g) thinkstockphotos.com/iStockphoto, h) fotolia.de/Unclesam, i) shutterstock/Alex Staroseltsev, j) istockphoto.com/Jose Antonio Santiso; S. 142: A - F: PONS GmbH/Stuttgart; S. 143: A) shutterstock/DUSAN ZIDAR; B) shutterstock.com/Larisa Lofitskaya, C) shutterstock/Africa Studio, D) Fotolia.com/matthias fährmann, E) shutterstock/Preto Perola, F) fotolia/kreativfabrik1